한국 진달래 오라

강효백 지음

일찍이 어느 경솔자한 자가 진달래를 놔두고 궁벽한 무궁화를 조선의 꽃
이라고 불렀는가?   - 『조선일보』 1935년 4월 21일(6면)

무궁화는 국화로서 적당하지 않다. 국토 전역에 분포하고 민족과 더불어
역사적 애환을 함께하고 다른 꽃보다 이른 계절에 피는 진달래를 새 국화
로 추천한다.   - 이민재 한국식물학회 회장(서울대학교 생물학과 교수)

추천사

지식인이 대중과 편안하게 지낼 수 있는 방법은 쉽다. 대중의 지식과 취향이 사회적 통념과 질서에 합치함을 증명하면서 그들의 삶에 자잘한 의미를 부여하여 마침내 그들의 가슴에 안정감과 자부심이 피어오르게 하면 된다. 증명 과정에 '인문학적 터치'를 얼마나 재미나게 가하는가에 따라 대중의 호응도가 달라질 것인데, 솜씨를 잘 부리면 셀럽 대열에 끼이는 것도 가능하다.

대중을 우중이라는 말하면 욕을 먹는다. 인터넷을 통해 대중도 전문 가 수준의 정보를 쉽게 확보할 수 있다고 생각하고 있다. 대중을 집단 지성이라고 말해 주어야 칭찬을 얻는다. 그 집단 지성이 인터넷 안의 수많은 허위 정보를 유포하는 집단일 수 있다고 말하는 것도 조심하여야 한다. 지식인은 개인 혹은 소수이고 집단 지성은 다수이다. 숫자 싸움에서 불리하다.

인간은 허위인 줄 알면서도 그 허위로 안정감과 자부심을 얻어낼 수만 있다면 그에 대한 믿음을 버리지 않는다. 이는 인간이 '문명의 동물'로 진화를 해 오면서 확보한 생존 전략이다. 다만, 몇몇 별종의 지식인은 그 허위를 못 참아낸다. 강 교수는 그 별종의 지식인에 속한다. 인간의 역사는 대체로 이들 별종의 지식인에 의해 조금씩 새로워진다.

강효백 교수가 정리해 놓은 무궁화와 진달래 자료를 꼼꼼히 보았다. 그의 주장은 빼고 자료만 보려고 노력하였다. 최종의 내 생각은 이렇다. "무궁화를 나라꽃으로 삼을 수 없다. 나아가, 진달래로 바꿔야 한다."

거부와 항의, 그리고 무시는 지식인의 숙명이다. 대중의 정서에 영합하는 지식인이 사실 별종 취급을 받아야 한다. 지식인이라고 그의 정신 활동이 대중과 크게 다른 것은 아니다. 강효백 교수도 스스로 자신에 대한 거부와 항의, 그리고 무시의 과정을 겪었다. 일본에서 온 편지를 읽고 몇 날 밤을 꼬박 새우며 무궁화 자료를 뒤졌다는 그의 글에서 지식인이 가져야 할, 아니 인간이면 마땅히 지녀야 할 자기 부정의 지적 호기심을 보았다.

　가벼이 읽을 책이 아니다. 대한민국 국민으로서의 정체성에 대한 책 이다. 이 책을 읽고 강효백 교수의 몇 날 밤이 나의 몇 날 밤으로 바뀌었다. 내 머리에 들어앉은 대한민국 국민으로서의 정체성에 대해 의심하는 밤이었다. 대한민국 국민이면, 이 책과 함께 하루 정도 날밤을 새웠으면 한다. 깨어 있는 시민이어야 국가를 바로 세울 수 있다.

맛칼럼니스트, 황고익

책머리에

애국가의 힘이 헌법보다 강하다. 우리나라 사람의 영토관을 대한의 고유 영토 4천 리에서 3천 리로 축소하게 한 원흉은 영토를 한반도로 국한한 헌법 제3조가 아니라 '무궁화 삼천 리' 애국가 후렴의 무한 반복 학습 때문이다. 필자가 4년 전부터 지금까지 『아주경제』에 애국가와 무궁화의 관련 칼럼을 40여 회나 연재하고 『두 얼굴의 무궁화(2020년 6월)』와 『애국가는 없다1(2021년 5월)』을 단행본으로 펴내었다. 특히 『두 얼굴의 무궁화』는 생후 8개월도 못되어 요절, '현대판 분서갱유' 당했다. 출간 직후부터 예상했던 바와 같이 인신공격성 악플 모욕 행각을 견디다 못해 2021년 3월 절판 조치한 것이다.

우선 '현대판 분서갱유'를 당한 것에 필자도 자기반성 중이다. 일제강점기의 무궁화에 대한 탐구는 소홀히 하고, 고조선과 구한말까지의 국내 무궁화 온·오프라인 텍스트 서술이 99% 이상 새빨간 거짓에만 집중했다. 대다수 원문에 없거나 오역, 위변조, 가필, 일본 문헌 표절과 검증 없이 재표절, 상호표절이 너무 심했던 것이다. 그리고 설마 1920~1940년 『동아일보』와 『조선일보』에 1,047회나 무궁화 근화 근역을 대서특필(대형화보 22회 포함), 조선을 대표하는 꽃으로 선전 홍보해 놓고도 일제강점기 일제가 무궁화를 극심히 탄압, 모조리 뽑아 버렸다는 거짓말을 했겠냐는 방심에 일제강점기 무궁화 진상 파악에 소홀히 했다. 그 대신 수천만 건에 이르는 놀랍도록 유구하고 풍부한 일본 무궁화의 문건과 사진에 경악, 일본과 세계 각국 자료 수집에만 몰두했던 후과다. 그리고 무엇보다 중요한 부분은 대안이다.

세상에 꽃이 무궁화 한 종류만 있으면 모를까, 진달래를 비롯해 3,500여

종이나 되는 아름다운 우리나라 자생 꽃을 놔두고 왜 하필이면 근본 불분명하고 왜색 넘치는 무궁화를 국화와 국가 국장 등 대한민국의 모든 국가 상징을 지배하게끔 하는가.

비판 없는 발전은 없다. 그러나 대안 없는 비판은 백해무익하다. 법학자인 필자가 대한민국에서 가장 법적이고 공적인 꽃, 무궁화의 나라꽃으로서 문제점을 이토록 오랫동안 집요하게 집중해 온 핵심 동력원은, 무궁화보다 백만 배 훌륭한 진달래라는 대안이 있기 때문이다. 진달래는 수많은 선배 학인들이 나라꽃 제1 순위로 손꼽아 온 꽃이다. 진달래의 속성은 봄의 시작을 알려주는 꽃이라는 데 있다. 진달래는 치열한 생명력을 수반한 봄과 함께 죽음의 겨울을 이기고 온 부활의 힘을 상징한다. 특히 일제 식민 통치와 같은 상황에서는 이런 원형적 상징이 증폭된다.

이에 따라 필자는 일제강점기 일본이 무궁화로 대한 영토 4천 리를 왜 어떻게 얼마만큼 오욕 참절 세뇌했는가를 톺아보고, 꽃으로 위장한 전범기 무궁화 대신 한민족 얼의 상징 진달래를 진짜 대한민국의 진짜 나라꽃으로 삼을 것을 제안하기 위해 이 책을 썼다. 백과사전처럼 넓고 다양하게, 신문같이 시사성 있으며, 시처럼 참신하고 아름답게, 소설만큼 재미있게 이야기하되, 주제가 주제인 만큼 학술논문보다 깊고 정확하게 쓰려고 애썼다. 그러다 보니 책 곳곳에서 과욕의 흔적과 반대로 부족한 부분도 많다. 미흡한 점을 보완해 가는 것을 앞으로의 과제로 남기겠다.

강호제현 여러분의 따뜻한 격려와 이해, 선입견과 편견 없는 가르침을 주시기 바란다. 나에게 생명을 주신 부모님과 그 생명을 보람차게 해 주신 스승님께 감사드린다. 선배와 동료, 벗들 그리고 "아무개는 그의 스승 강 아무개보다 백 배 훌륭하다" 후일 이런 평가를 받을 나의 모든 제자들에게 이 책을 드린다.

끝으로 이 책을 출판해 주신 문현광 하움출판사 대표님과 꼼꼼하게 원고를 다듬어 준 편집부 신선미 팀장, 윤혜원 대리께 심심한 사의를 표한다.

백두산 기슭에 만발한 진달래꽃 출처: 중국 바이두백과

* 대한 영토에서만 자생하는 진달래

   야생 진달래: 수백만 주, 야생 무궁화: 0주

* 일본 본토에서 자생하는 무궁화

   야생 무궁화: 수십만 주, 야생 진달래: 0주

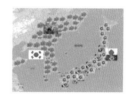

2023년 2월

경희대학교 서울캠퍼스에서

영고삼[1] 문협[2], 강호백

---

1) 영고삼은 나의 별호다. '영원한 고3'처럼 열심히 공부하다 죽을 각오라는 뜻이다.
2) 문협(文俠)은 나의 필명이자 호다. 검 대신 필을 쥔 협객처럼 살겠다는 뜻이다.

무궁화vs진달래 나라꽃 자격 비교

	무궁화	진달래
학명	Hibiscus syriacus	Rhododendron mucronulatum
원산지	중국 남부, 인도	한반도와 만주,우수리
자생지	일본 전역에 자생하나 한반도내 야생개체 전무	한반도와 제주도 대마도, 만주 산야에 자생 일본본토내 야생개체 전무
분포지역	황해도 이남 재배 가능	한반도 전역, 만주 중남부
영어명칭	Rose of sharon	Korean rosebay
꽃말(탄·생화)	일편단심, 10월 28일	사랑의 기쁨, 8월 8일
품종	히노마루 등 대다수 품종 일본에서 도입	전 품종 한국 자생종
특이사항	일제 조선총독부와 윤치호 등 극소수인사에 의해 한국 국화로 신분세탁 독려 *일장기와 욱일기의 원형	사실상 한국의 나라꽃으로 높이 평가되어 온 꽃 ,참꽃으로 불리며 한민족 모든 계층의 사랑을 받아온 꽃 *북한의 국화 아님

평가		무궁화		진달래	
	지리성	F	일본에서 이식(16세기)	A+	대한영토4천리에 자생
	역사성	F	구한말이전 극히 희박	A+	삼국시대부터 빈출
	친숙성	F	일상에서 생소	A+	일상에서 친숙
	상징성	F	일본민족성 상징	A+	한민족의 상징
	민족성	F	위에서 아래 일방적	A+	일반 국민 애호
	종합	F	국화로서 부적격	A+	국화로서 최적격

무궁화 자생지는 일본 열도 전역,
찾아볼 수 없는 한반도 속 무궁화 군락지

CONTENTS

1. 무궁화는 꽃으로 위장한 전범기인가?

· 신에게는 아직 12척의 배가 있다. - 이순신
· 우리나라엔 진달래를 비롯해 3,500여종이나 되는 아름다운 자생종 꽃들이 있다.

- 강효백

필자는 '애국가'의 핵심 코드인 애국가 가사 후렴 '무궁화 삼천리'에 몰두하던 2019년 2월 주말, 놀라운 메시지 하나를 받았다. 메시지의 발신자는 김순식 일본 후쿠야마시립대 교수다. 그는 일본에서 20년 넘게 체류한 환경경제학의 권위자다.

"무궁화는 일본에서 집 마당이나 담장, 울타리에 키우는 대중적인 꽃입니다. 보통 주택가에서는 마당 있는 집이라면 흔히 볼 수 있는 꽃이죠. 일본엔 6~7세기경 중국에서 들어온 것이라고 하며, 전국적으로 대중화된 건 17세기경으로 알려져 있습니다. 7세기경의 일본 고대 시가에도 무궁화를 표현하는 듯한 내용이 나오기도 합니다. 본래 목근이라 하는데 어쩌다 무궁화가 된 건지."

일대 충격이다. 무궁화 관련 일본의 온·오프라인 자료를 전수 분석하듯 살펴봤다. 무쿠게(むくげ, ムクゲ), 목근(木槿)이라는 이름의 무궁화들… 홋카이도부터 오키나와까지 일본 전역의 산과 들, 도시와 농촌, 학교와 공

원, 거리와 빈터, 신사(神社)와 사찰, 무궁화 야생 군락지, 무궁화 관련 부수히 많은 시가와 서적은 물론 사진과 동영상, 그리고 무궁화 문화 행사, 무궁화 자연 농원, 무궁화 수목장까지…. 무궁화는 질적으로나 양적으로나 일본의 국화 격으로 널리 알려진 벚꽃(사쿠라)을 압도할 정도였다.

숨이 턱 막혔다. 얼굴이 화끈 달아오르고 온몸이 부들부들 떨렸다. 코흘리개 시절부터 "무궁화 무궁화 우리나라 꽃 삼천 리 강산에 우리나라 꽃"을 부르며 자라왔는데…. 평생을 '무궁화 삼천 리 화려강산'이라는 애국가 후렴을 부르며 살아왔는데.

"무궁화는 우리 민족의 개국과 더불어 국화로 인식되기 시작했고 일제강점기 시절 일제의 간악한 탄압을 받아왔다."라는 게 필자 자신은 물론 대다수의 '국민 상식' 아니었는가.

한-미-중-러-일 國花와 국가주요상징

	국화 國花(격)	국가國歌 가사	국장國章	국가원수 문장 최고훈장	국회휘장 의원배지	법원 휘장	경찰 계급장
한국	무궁화	무궁화	무궁화	무궁화	무궁화	무궁화	무궁화
미국	장미 (법정국화)	꽃 없음	독수리	별+독수리	없음	독수리	별과 갈고리
중국	모란 (미정)	꽃 없음	오성+천안문	오성+천안문	없음	저울+벼이삭	별
러시아	*캐모마일	꽃 없음	쌍두독수리	금성	없음	쌍두독수리	별과 횡선
일본	菊花 오동열 벚꽃	꽃 없음	菊花(왕실) 오동 (총리정부)	국화	국화	국화	벚꽃

- 한국의 무궁화처럼 193개 유엔회원국은 물론 세계사상 한 국가의 거의 모든 국가상징을 독점 지배하는 사물은 전무후무함.
- 러시아 의회는 1996년 나라꽃을 해바라기에서 캐모마일로 교체

필자는 지난 4년 동안 밤낮을 잊고 한·중·일을 비롯한 동서고금의 '무궁화'를 톺아봤다. 상상 그 이상의 어마어마한 숨겨진 진실을 발견했다. 애국가 후렴의 '무궁화'는 바로 뒤의 '삼천 리' 못지않은 엄청난 독성을 내장한 악성 코드라는 사실을. 국토 참절 민족분열 일본 '애국가'는 하늘이 두 쪽 나도 반드시 하루빨리 퇴출되어야 함을 재확인했다.

국화와 국가, 국장, 최고훈장, 대통령 휘장, 국회와 국회의원과 지방의원의 배지, 법원 휘장, 경찰관과 교도관의 계급장 등 대한민국 거의 모든 국가 상징을 독점 지배하고 있는 무궁화에 심각한 결격사유를 발견하고도 학자로서 그냥 덮고 지나갈 수 없었다. '새롭게 발견된 진실은 오래된 착오보다 지지자가 적은 세상 이치'를 온몸으로 겪으며 살아온 필자에게 가해질 비난과 반발을 무릅쓰고 공개하기로 결심했다. 그럼 지금부터 우리나라 국화(격)로서의 무궁화의 현황과 문제점을 파악·진단·분석·평가하고 그 처방과 대안을 제시해 보고자 한다.

무궁화는 15~16세기경 한반도에 전해졌다

이런 야생 무궁화 거목들이 일본 도처에 자생하고 있다. 영문 위키피디아 백과는 이렇게 명기하고 있다.

　"무궁화는 원래 중국 고유종이었다. 8세기에 일본으로 전래되어 원예용으로 재배되었다. 기록에 따르면 15~16세기경 한반도에 전해졌다[3]."

---

3) Hibiscus syriacus was originally endemic to China. It is recorded that it was brought to Japan in the 8th century and cultivated for horticulture. According to records, it was introduced to the Korean Peninsula around the 15th or 16th century.

중국·일본과 달리 한국의 야생 무궁화 자생지는 전혀 없다. 무궁화가 자생 분포하는 곳은 산비탈, 개울가, 길가다. 그런데 우리나라는 인위적인 식재 지역인 인가 근처뿐만 아니라 산이 저지대, 개울가 및 길가에서도 저절로 자라는 무궁화 군락은 발견되지 않는다. 설령 일제의 탄압 등 인위적으로 무궁화 자생지가 사라졌다 하더라도 야생화 될 수 있는 환경이라면 그 복원이 가능하다. 그런데 그 누구도 무궁화 자생지 복원을 주창하지도, 실제로 그것을 시도하지도 않고 있다. 명색이 나라의 꽃인데....

이제 무궁화 재배 가능지를 살펴보자. 중국에서 무궁화의 인위적인 생육이 가능한 지역은 산둥·허베이·산시성 등 중국 중북부 이남 18개 성이다. 일본에서 무궁화는 놀랍게도 북쪽의 홋카이도에서 남쪽 끝 오키나와까지 일본 전역에 재배돼 이미 토착화한 꽃나무다. 특히 홋카이도 중부도시 호쿠토(北斗)시의 시화(市花)로, 남부의 기요사토정(淸里町), 소베스정(壯瞥町)의 마을꽃으로 지정돼 있다. 그런데 위키백과에 따르면 우리나라 무궁화는 100여 년 전까지는 차령산맥 이남에서만 생육됐다가 점차 개량해 휴전선 인근까지 생육이 가능하게 됐다. 이 자료의 정확성을 검증하기 위해 무궁화 한반도 생육 가능지 관련 선행 자료를 추적해봤다.

일제 강점기 시절인 1921년 일본 식물학자 모리 다메조(森爲三, 1884~1962)가 조사 기록한 『조선식물명휘』에서 무궁화는 남쪽 조선 땅에 분포하고 관상용으로 재배하는 식물이라는 사실이 명기돼 있다. 1942년 정태현의 『조선삼림식물도설』에는 무궁화는 황해도 이남의 지역에 분포하는 재배 식물로, 2016년 『한국식물도감』 무궁화는 한국의 중부 이남에 재배하는 식물로, 국립수목원과 한국식물분류학회가 작성·관리하고 있는 『국가표준식물목록(2017)』도 재배 식물로 명기돼 있다. 이처럼 한반도의 무궁화는 야생 상태의 자생은 고사하고 재배 가능 범위조차도 남한 땅으로 제한되어 있다. 명색이 나라의 꽃인데도 불구하고….

북한 땅에서는 자생은 물론 재배도 불가한 무궁화의 한반도 재배 가능지는 삼천 리가 아니라 일천여 리뿐. 무궁화는 통일을 지향하는 대한민국의 국화로서는 근본적 자격 미달이라 생각한다. 국토 참절과 남북분단을 주술하는 악마의 코드 '무궁화 삼천 리' 애국가를 하루빨리 퇴출해야만 할 시급성과 당위성을 재확인하는 대목이다.

참을 수 없이 낭자한 벌레들이 무궁화를 장식하고 꽃 속에 그득한 벌레 소리는 피리와 퉁소를 섞은 것 같다. 무궁화는 천박한 자질에 활기도 없어 빈 골짜기에 버려지리(不禁狼藉蟲飾腹 總總已似芋混籟 薄質消沈委空谷)

- 정약용(1762~1836), 『여유당전서(與猶堂全書)』

무궁화: 한반도 재배가능지역&원산지설 논거
재배식물 O, 자생식물 X

저자 (주장자)	문헌 (컨텐츠)	발행年	재배가능지역 등
모리 다메조	조선식물명위	1921	남조선 재배 식물
정태현 도봉섭 등	조선식물향명집	1937	남부조선 재배 식물
정태현	조선삼림식물도서	1942	황해도 이남 재배 식물
박만규	식물명감	1949	남한 재배식물
조동화	무궁화 국화 부적격론	1955	중부이남 재배(한국일보)
이창복	한국수목도감	1966	평남 및 강원도 이남 재배
이영노	한국식물도감	1996	중부 이남 재배식물
정연옥 정숙진	한국야생화식물도감 세트	2015	6380종 야생식물 명단 없음
김무열	한국특산식물도감	2017	한국고유식물 명단 없음
국립수목원	국가생물종지식정보시스템	2019	재배식물O 자생식물X
한국식물분류학회	국가표준식물목록	2019	재배식물O 자생식물X
유달영·염도	나라꽃 무궁화	1983	무궁화 한반도 원산지설 주장 논거:옛날에는 참 많이 앉으나 지각변동으로 없어졌음
국소수 관변 학자, 동화작가, 번역학자, 무궁화사업자	산림청, 농촌진흥청, 네이버, 한국학중앙연구원 등 대다수 국내 무궁화 텍스트		

국립수목원과 한국식물분류학계등 식물학계: 무궁화가 한반도에 자생하지 않는다는 것이 확립된 정설, 다만 정치적인 문제와 연관되지 않기 위해 침묵중.

나산 성약용이 부궁화의 정체를 간파한 듯한 이 시를 쓴 장소는 남양주가 아니라 유배지 강진이었다. 당시 남양주는 아열대 식물 무궁화 재배가 불가능한 지역, 구한말 이전까지 한반도에서 무궁화 재배 가능지는 차령이남 지역이었다.

만약 내가 마음대로 '내 나라'를 정할 수 있다면 일본을 선택했을 것이다. 나는 지긋지긋한 냄새가 나는 중국이나 인종에 대한 편견 및 차별이 무서운 힘을 가지고 있는 미국 또는 지긋지긋한 정권이 존재하는 한 조선에서도 살고 싶지 않다. 오, 축복받은 일본이여! 동양의 낙원이여! 세계의 동산이여[4]!

- 1893년 11월 1일 도쿄에서, 윤치호 영문 일기

윤치호는 이 일기를 쓴 며칠 후 배를 타고 상하이에 도착했고(1893년 11월 7일) 연이어 남궁억의 방문을 받았다. 남궁억은 조선을 상징할 국화를 결정하기 위해 상하이에 잠복해 있던 윤치호를 찾아왔다. 윤치호는 남궁억과 의논해 무궁화를 나라꽃으로 정했으며 그로부터 애국가 후렴에 '무궁화 삼천 리 화려강산'이란 가사를 넣었다[5].

---

4) If I had means to choose my home at my pleasure, Japan would be the country. I don't want to live in China with its abominable smells or in America where racial prejudice and discrimination hold their horrid sway, or in Corea as long as its infernal government lasts. O blessed Japan! The Paradise of the East! The Garden of the World!

5) 清国に滞在中、南宮檍の訪問を受けた。彼は朝鮮を象徴する国花を決めるために潜伏中の尹致昊を訪ねてきた。1893年には南宮檍と相談してムクゲを国花に定め、それから愛国歌のリフレーンに「ムクゲの花、三千里、華 麗な山河」という歌詞を入れたと伝えられる。

일본 무궁화 영토확장 통사

●天壤無窮●

시대 구분	무궁화 영토확장 연혁
신화神話시대 B.C.3~	일본=부상(扶桑)=무궁화
나라奈良 710~	신화에서 역사로
헤이안平安 794~	신사에서 사찰로
가마쿠라鎌倉 1192~	위에서 아래로
무로마치室町 1333~	실외에서 실내로
센코쿠戰國 1467~	다실에서 꽃꽂이로
에도 江戶1603~	정원에서 광야로
메이지明治1868~현재	일본에서 한국으로

일본과 일본 식민지 한국과 대만 소학교 음악 교과서
1학년 첫 번째는 노래는 히노마루(무궁화 일장기)였다.

무궁화 인용된 중국고전 원본대조 전수분석

출전	구분	국내 기존 자료 해석	검증 분석 결과
山海經	출전 검증	동양 최고의 지리서?	동양 최고의「지괴소설」, 각종 귀신 괴물 출현
	君子國	한국을 뜻함?	산해경 18장에 '朝鮮'이 따로 나옴
	薰華草	훈화초가 무궁화?	전설상의 하루살이 풀(草)
古今注?	출전 검증	'지봉유설'인용 [고금주]?	[고금주]가 아닌 구미호가 나오는 지괴소설 [현중기(玄中记)](4세기초)가 출전
	君子之國	군자지국이 우리나라?	중국문헌에 한국(신라)을 군자지국 표기는 극히 희소 ([舊唐書] 東夷傳 최초)
	地方千里	지방천리가 우리나라?	[孟子] [太平廣記]등28종문헌에 출현하나 한국을 지정하는 사료는 전혀 없음
	多木槿花	무궁화가 많은 우리나라?	대다수 중국문헌 중국남부 무궁화 산지 지칭
新羅傳	출전 검증	[구당서]의 '신라전'	'신라전' 없음, [舊唐書] 東夷傳'만 있음
	槿花鄉	근화향이 우리나라?	'근화향' 단어 없음. 있더라도 우리나라 전역이 아닌 신라 (경주 중심)
謝不許北園居上表		근화향이 우리나라 ?	우리나라 전역이 아닌 신라(경주 중심) 수·당시대 '근화향'은 물산이 풍부하고 풍속이 순후한 중국 동남부 무궁화 원산지 지정
기존자료 검증 총평: '무궁화 한반도 자생설'을 위한 의도적 오역, 조작, 견강부회로 점철된 위.변조 문건			

	무궁화	진달래
혁명	Hibiscus syriacus	Rhododendron mucronulatum
꽃말	일편단심, 은근, 끈기	사랑의 기쁨, 열정, 절제, 청렴, 감사
탄생일	10월 28일	8월 8일
영어 명칭	Rose of Sharon	Korean rosebay, Korean rhododendron
상징	일기일회, 일생에 단 한 뿐	생명력, 행복, 장수 한국 얼을 상징
원산지	중국 남부	한국, 만주, 우수리
자생지	한국 전혀 없음, 일본 전역	한국 전역 일본 본토 전무(대마도 제외)
야생 개체수	韓: 1주도 없음, 日: 수십만 주	韓: 수백만 주, 日: 1주도 없음
도입	韓: 15~16세기 日: 8세기 이전	韓: 원산지 日: 20세기 식물원 도입
대우	韓: 국화 국가 등 모든 국가 상징 지배 日: 호쿠토시 등 3개 지역 시화	韓: 수원시 시화, 연변자치주 주화 日: 없음
관찬 정사	韓: 『연산군일기』에 단 1회 출현 日: 『속일본기』부터 무수히 기록	韓: 『고려사』 6회, 『조선왕조실록』 12회
전설	韓: 전혀 없음 日: 지역마다 있음	韓: 백두산 진달래 신화 등 다수 日: 전혀 없음
신앙	韓: 전혀 없음 日: 야스쿠니신사 등 30개 유명 신사 사찰, 가정의 신단에 신화로 모심	韓: 3월 3일(삼짇날)길일과 축일에 행사 日: 전혀 없음
생활	韓: 없음 日: 기모노, 꽃꽂이, 차화	韓: 화전, 두견주, 약용, 화장품, 의상 日: 전혀 없음
특이 사항	순수 우리말 꽃 이름 없음 일제와 윤치호,박정희 등 극소수 인사에 의해 한국 국화로 신분 세탁 독려 일장기와 욱일기 원형 일본의 신화(神花)	사실상 국화로 높이 평가되어 온 꽃 전국 자생종 참꽃으로 불리며 모든 계층의 사랑을 받은 꽃 북한의 국화 아님
지리성	F	야생개체 1주도 없음	A+	원산종, 전국 산야에 무수히 피어남
역사성	F	구한말 이전 매우 희박	A+	삼국시대부터 한·중 정사에 빈출
친숙성	F	일상에서 생소, 꽃집에도 없음	A+	일상에 친밀, 의식주에 밀접
상징성	F	일본 민족성 상징	A+	사랑, 생명력, 밝음, 명랑, 긍정, 진취
민주성	F	위에서 아래로 일방적	A+	남녀노소 상하귀천 없이 애호
종합	F	국화로서의 부적격	A+	국화로서 최적격

2. 무궁화의 전성시대는 다름 아닌 일제강점기

4천 리 대한 영토 참절·오욕·분단과 무궁화는 뗄 수 없는 관계

무궁화 지역과 누에로 모독 참절당한 4천 리 대한 영토

1909년 9월 4일 일제는 청국에 간도협약으로 광활한 동서 2천 리, 남북 4천 리 만주 땅을 중국에 넘겨주었다. 일제는 한일병탄 경술국치 당일 1910년 8월 29일 조선총독부 관보 제1호로 한반도를 근역(무궁화 지역)으로 축소 조작 세뇌 작업을 개시했다.

1922년 1월 1일 『동아일보』는 3천 리로 축소된 조선 지도 안에 모양을 채우라는 현상 공모를 게재했다. 7천여 명의 응모작 중 당선작은 대한 영토를 무궁화와 누에 지역으로 축소 모독한 그림이었다.

대한 영토 4천 리 참절과 오욕, 분단과 무궁화는 떼려야 뗄 수 없는 관계다. 이에 따라 필자는 일제강점기 조선총독부 측이 무궁화로 대한 영토 4천 리를 왜, 어떻게, 얼마만큼 오욕, 참절, 세뇌했는가를 일제강점기 양대 한글 신문 『동아일보』와 『조선일보』를 중심으로 먼저 톺아보고자 한다.

(왼쪽부터) ① 1750년 제작 조선 후기 왕실공인 대표 지도 <동국대지도> 동서 2천 리 남북 4천 리 ②『동아일보』 1922년 1월 27일 대한 영토를 무궁화와 누에 지역으로 축소 모독했다. ③ 모바일 폰 케이스에 좌측『동아일보』고약한 지도를 그대로 답습한 지도가 나돌고 있다.

"일제 강점기 일제는 무궁화를 탄압했다." 새빨간 가짜 뉴스

"일제 강점기 일제는 무궁화를 탄압했다."라는 설은 알고 보면 새빨간 가짜 뉴스다.

"무궁화 묘목 나눠 드려요." 이 행사는 일제강점기에 나라꽃이라는 이유로 탄압받았던 무궁화를 널리 알리기 위해 『동아일보』가 시작한 사업으로 1985년부터 해마다 열리고 있다.

- 『동아일보』 2010.04.05.

일제강점기 때는 우리 민족의 상징이라는 이유만으로 불태워지거나 뽑히는 탄압을 겪어야만 했다. 우리 주변에서 쉽게 볼 수 없는 무궁화는 서울 청와대 분수대 옆 무궁화동산에서 만나볼 수 있다.

- 국민일보 2021.07.20.

이 때문에 일본은 무궁화를 만지거나 쳐다만 봐도 병이 생긴다는 유언비어를 퍼트리고 무궁화를 태우며 민족의 얼이 담겨 있는 무궁화를 탄압했다.

- 이데일리 2020.07.04.

<산림청장 기고> 국민과 함께하는 나라꽃 무궁화. 무궁화는 일제 강점기 때 우리 민족

을 상징하는 꽃으로 여겨져 말살 정책으로 인한 탄압을 받았다.

- 헤럴드경제 2011.08.12.

일제가 한국인의 얼과 정신을 있게 한 무궁화를 도태시키는 것이 우리의 기개를 꺾는 것으로 알고 무궁화 말살 운동을 편 것이다.

- 매일신문 2008.7.19.

<무궁화 수난의 시대적 배경> 인류의 역사에 민족의 이름으로 특정 식물이 가혹한 수난을 겪은 일은 우리나라의 나라꽃인 무궁화가 유일한 것이다. 무궁화는 민족의 역사와 함께 겨레의 맥락 속에 숨 쉬어 온 꽃이기에 일제 강점기 36년 동안에는 민족의 수난과 함께 피폐되고 빼앗겨 버리는 참혹한 시련을 겪을 수밖에 없었다. 만주, 상해, 미국, 구라파로 떠난 독립지사들이 광복 구국정신의 표상으로 무궁화를 내세우자 일본은 여기에 당황한 나머지 무궁화를 보는 대로 있는 대로 불태워 버리고 뽑아 없애 버렸다. 일제는 나라꽃 무궁화를 '눈에 피꽃'이라 하여 보기만 해도 눈에 핏발이 선다고 거짓 선전하였으며, '부스럼 꽃'이라 하여 손에 닿기만 해도 부스럼이 생긴다고 하는 등 갖은 말로 우리 민족의 기개를 표현하는 무궁화 탄압에 극악하였던 것이다.

그러나 나라꽃 무궁화에 관한 수난이 가중되면 될수록 우리 민족은 더욱 우리의 정신을 대변하는 무궁화를 사랑하고 숨겨가면서까지 지켜 왔다.

- 문화콘텐츠닷컴, (문화원형백과 국가 문화 상징 무궁화)

국내 모든 온오프라인 무궁화 관련 텍스트는 일제강점기 일본이 무궁화 나무를 뽑아 버리는 등 각종 탄압을 가했다고 적고 있다. 그러나 사실 무궁화를 일제강점기에 탄압은커녕 조선의 국화(國花)[6]로 가스라이팅, 세뇌 주입했다.

---

6) 단, 여기에서 國은 일본 봉건시대 지방정부 현급 단위로서의 번국을 의미함.

'무궁화'의 빈출도와 왜색의 농후도는 반비례

경술국치 이전에 거의 없던 낱말이 경술국치 이후 빈출어가 된 어휘가 많다. 일제강점기 『조신일보』·『동아일보』 기사 기준 10대 빈출어는 다음과 같다.

→ 무궁화, 근역, 근화, 삼천리, 황국신민, 천양무궁, 팔굉일우, 내선일체, 성수무궁, 봉황

1920년 3월 5일 『조선일보』 창간, 1920년 4월 1일 『동아일보』 창간, 1940년 8월 10일 일제가 태평양전쟁의 준비를 위해 조선·동아 등 한글 신문을 폐간시킨 약 20년 4개월 동안 무궁화, 근화, 근역의 게재 회수는 총 1,047회나 된다.

〈1920-1940년 『조선일보』 『동아일보』 무궁화, 근화, 근역 출현 회수〉

	조선일보	동아일보	계
무궁화(無窮花)	217회	247회	464회
근화(槿花)	87회	70회	157회
근역(槿域)	219회	207회	426회
계	523회	524회	1,047회

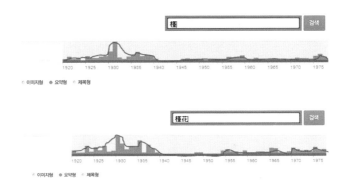

1920-1940년대 일제강점기가 무궁화의 전성시대임을 한눈에 알 수 있다.
도편 출처: 네이버 뉴스라이브러리 뉴스검색 프로그램

무궁화와 근역『동아일보』창간호 최초의 작시자는 일본인 마쓰야마

『동아일보』에는 1920년 4월 1일 창간호부터 1940년 4월 5일까지 무궁화 247회, 근화 70회, 근역 207회, 총 524회에 걸쳐 무궁화 홍보가 게재되어 있다. '무궁화', '근화', '근역'이 한국사상 최초 시(詩) 형태로 등장한 시공은 『동아일보』창간호 1920년 4월 1일 1면이다[7]. 1면보다 3면, 더욱 기가 막힌 대목은 이 시의 작사자가 일본인 마쓰야마(松山)라는 사실이다.

7) 동아일보 1920년 4월1일 창간호(조선총독 비롯 필진 2/3이상 일본인) *1면: 무궁화로 도배, * 2면과 7면: 사이토 마코토(斎藤実) 조선총독과 각계 지도층 인사의 축사(대다수 일본인) , *3면: 일본인 마쓰야마(松山)의 축시 2수 '무궁화' '근역' 사상 최초 4회 등장, *6면: 〈마이니치(毎日)신문〉의 시마다 사부로(島田三郎) 주필 축사 "조선은 동양의 백이기(러시아의 식민지)가 되라!"

『동아일보』창간호 1920년 4월 1일 3면

새 봄

동아일보 | 1920.04.01 사

새봄
松山(송산)

大理(대리)가 動(동)하다. 孤寥(고요)가 破(파)하다. 霜雪(상설)이 갓다. 堅氷(견빙)이 풀렷다. 막힌 샘이 흘으고 붉은 산이 푸두다아.봄이로구나. 봄이 왓다. 봄이 왓다. 어대에 어대에 어듬에 權域(근역)에 魔鬼(마귀)도 가고 사탄도 가고 파리새도 가다. 일긔가 따시고 바람이 가부엽다. 새가 울고 꼿이 피고 나비가 난다. 저 無窮花(무궁화) 고흔 꼿에 나비가 안는다. 꼿송이 속에 입부리를 깁히 깁히 찔넛다. 두 날개를 너울너울 꼿種子(종자)를 날린다. 黃金(황금)도 名譽(명예)도 權力(권력)도 업다. 저 꼿에 저 나비에 다만 뜨거운 사랑의 結晶(결정)뿐잇다. 아, 黃金(황금)의 無用(무용), 權力(권력)의 敗北(패배), 情(정)의 世界(세계), 사랑의 勝利(승리), 아, 사랑, 아, 사랑. 새봄의 새 사랑

아래는 1920~1940년 20년간 『동아일보』가 '무궁화'를 제목으로 뽑은 대서특필 기사 총 48회(*대형 화보 15회 포함)를 정리한 것이다.

1) 『동아일보』 1920-05-06 조병무, 삼천리무궁화

2) 『동아일보』 1920-07-09 평양무궁화 여전도대소식

3) 『동아일보』 1921-07-22 가는비에저즌 무궁화, 작일 탑골공원에서(화보)

4) 『동아일보』 1923-06-12 위생대강연회: 무궁화(신묘석)

5) 『동아일보』 1923-08-18 비개인 아침에 새로 단장한 무궁화(화보)

6) 『동아일보』 1923-09-16 진종혁 시드러가는 무궁화(일막)

7) 『동아일보』 1923-09-16 시드러가는 무궁화(화보)

8) 『동아일보』 1925-02-04 고흔꽃이야기 (四)무궁화(사진)

9) 『동아일보』 1925-10-21 「조선국화」무궁화의 내력(사진)

10)*(6) 『동아일보』 1926-08-20 무궁화는 잘도 핀다(화보)

11) 『동아일보』 1926-09-17 동화회, 시천교 소년회와 무궁화사주체로

12) 『동아일보』 1926-09-28 무궁화사 창립, 소년소녀 월간잡지「무궁화」발간

13) 『동아일보』 1926-11-20 무궁화(11월호), 무궁화사 발행

14) 『동아일보』 1926-12-11 무궁화(12월호), 무궁화사 발행

15) 『동아일보』 1927-01-13 무궁화(1월1일 발행), 무궁화사

16) 『동아일보』 1927-02-14 무궁화 주최의 새해놀이

17) 『동아일보』 1927-02-25 조선동화집「새로 핀 무궁화」를 읽고서

18) 『동아일보』 1927-02-25 조선동화집「새로 핀 무궁화」를 읽고서

19) 『동아일보』 1927-03-09 새로 핀 무궁화, 이학인형째 올님

20) 『동아일보』 1927-03-26 「무궁화」속간, 어린이의 잡지

21) 『동아일보』 1927-04-02 소년소녀웅변대회 경성 무궁화사에서

22) 『동아일보』 1927-04-12 무궁화(제5호)

23) 『동아일보』 1927-05-20 안주 무궁화 소년발표회

24) 『동아일보』 1927-07-06 무궁화(7월호)

25)*(7) 『동아일보』 1927-07-31 꽃철은 무궁화에…(화보)

26) 『동아일보』 1927-08-29 무궁화(9월호)

27) 『동아일보』 1927-09-22 소년연합회 축하웅변회 무궁화사 주최로

28) 『동아일보』 1927-09-29 무궁화(10월호)

29) 『동아일보』 1927-10-02 해발3천척 무궁화의 교기(장진, 상남학교)

30) 『동아일부』 1927-12-15 무궁화(11월호)

31) 『동아일보』 1928-02-05 무궁화(2월호)

32) 『동아일보』 1928-03-03 무궁화(3월호)

33) 『동아일보』 1928-04-03 무궁화꽃을 팔어 학교건축비에, 조선여학원에서

34) 『동아일보』 1928-04-07 무궁화 소년회정기총회(안주)

35) 『동아일보』 1928-04-23 무궁화 소년회 1주년기념식

36) 『동아일보』 1928-06-22 안주 무궁화 소년회 창립 기념

37)*(9) 『동아일보』 1928-08-12 무궁화는 제철 맛나(화보)

38)*(10) 『동아일보』 1929-05-25 꽃로맨스, 무궁화(최영한)

39) 『동아일보』 1931-08-26 날마다 새꽃을 피우는 무궁화(화보)

40) 『동아일보』 1932-02-28 홍천모곡학교 학교의 경비로 무궁화 묘목 판매

41) 『동아일보』 1933-03-29 한서 남궁억 선생 쇠뿔산 개떡바위 밋 보리울촌 무궁화
    묘포에 선생을 차저서[제1회, 全3回](송병휘)

42) 『동아일보』 1933-03-30 한서 남궁억 선생 쇠뿔산 개떡바위 밋 보리울촌 무궁화
    묘포에 선생을 차저서[제2회, 全3回](송병휘)

43) 『동아일보』 1933-04-01 한서 남궁억 선생 쇠뿔산 개떡바위 밋 보리울촌 무궁화
    묘포에 선생을 차저서[제3회, 全3回](송병휘)

44)(*11) 『동아일보』 1933-08-26 초추의 화단에 군림하는 무궁화(화보)

45)(*12) 『동아일보』 1933-09-23 약초(4) 무궁화(화보)

46)(*13) 『동아일보』 1934-07-20 철 맞난 무궁화(화보)

47)(*14) 『동아일보』 1935-08-30 사는데 애착심을 가진 무궁화(화보)

48)(*15) 『동아일보』 1936-08-20 만발한 무궁화, 문산 「스케치」(화보)

(왼쪽) 『조선일보』 1923년 1월 1일(3면) 신년호 대형화보 근화
(오른쪽) 『조선일보』 1931년 7월 18일(7면) 대형화보 무궁화

『동아일보』 1926년 8월 20일(2면) 무궁화는 잘도 핀다!

『동아일보』 1931년 8월 26일(3면)
"날마다 새 꽃을 피우는 무궁화"

『동아일보』 1933년 8월 26일(3면)
"초추의 화단에 군림하는 무궁화"

『동아일보』 1933년 9월 23일(5면)
"무궁화 약초"

『동아일보』 1936년 8월 20일(5면)
"만발한 무궁화"

3. 일제, 무궁화를 한국의 국화로
가스라이팅 작업에 총력

식민지에 자기 나라꽃 심는 게 제국주의다.
그래서 네덜란드는 인도네시아에 튤립 심고
스페인은 멕시코에 카네이션 심고
영국은 미국 땅에 장미 심고
프랑스는 퀘벡에 백합 심고
일본은 한국 땅에 무궁화 심은 거다.

진리란 이처럼 심플하다.
진리란 멀리 있는 게 아니라
아주 가까이에 있다.
진리는 맛을 알고도
그 맛을 말하지 않는 혀 같다.
진리는 실천으로 간 보는 것이다.

무궁화는 일본이다. 무궁화는 꽃나무로 위장한 일본의 국기와 군기다. 일본
인은 일장기와 욱일기를 흔드는 대신 무궁화를 심고 가꾸고 노래하고 받들고
사랑하며 항상 심신에 새긴다. 한편으로 타국으로 은밀한 확산을 꿈꾼다.

일제강점기 극성기 무궁화 교가 제정 16개 학교

조선총독부 관보 제2420호
조선총독부고시 제50호 근화여자실업학교 설립인가
1936년 4월 1일 / 1936년(소화 10년) 2월 7일 실업학교
규정급상업학교 규정의거 1936년 4월 19일 인가
- 조선총독 우가키 가즈시케

'진실추구의 제1법칙' 사실을 사실대로 승인하는 것

일제 식민정책은 한민족의 정신을 말살하고 충량한 황국신민으로 개조하려 한 것이 특징이었다. 그 정책 실현의 가장 큰 방편이 학교 교육이었다. 일제강점기 36년 전 기간을 통해 유치원부터 전문학교까지 모든 학교는 조선총독부 내무부 학무국의 인허가를 받아 조선총독의 명의로 설립되었다.

각급 학교뿐만 아니라 근우회, 무궁화 소년회, 무궁화 출판사, 무궁화 잡지사, 무궁화회, 근화회, 근화학원, 근화음악회 등등 모든 무궁화와 관련된 단체는 조선총독부의 인허가를 받고 조선총독의 명의로 설립됐다.

철저한 식민 교육을 위해 각급 학교에는 반드시 일본인을 파견하여 학교

운영의 책임을 관장하게 했다. 그럼에도 불구하고 국내 일각에서는 마치 민족 교육을 위해 일제의 눈을 피해 무궁화를 교가, 교기, 교표, 교복으로 정했다고 하는데... 이제 자신도 민망한 자기 기만성 허언은 그만했으면 좋겠다.

『동아일보』 1926년 9월 28일(3면)
무궁화사 창립

『동아일보』 1927년 10월 2일(3면)
해발 3천 척 무궁화 교기 장진 상남학교

『조선일보』 3월 13일(1면) 조선여자교육협회 내에 근화학원 설립

『조선일보』 1937년 2월 27일(5면) 근화여자실업학교(교표, 교가 모두 무궁화)

<이화 고등보통학교(이화여고)교가>

한줄기 새빛이 방에 비치니

무궁화 동산에 첫봄이 왔도다.

고목에 싹돗아 꽃이 피니

성인이 이름해 리화라 섯네

우리 리화 / 아름다운 이름

함께 노래하자 / 아! 리화 만만세

우리 리화

<중앙고등보통학교(중앙고등학교) 교가 (1절)>

친일인명사전 등재인물 육당 최남선 작사

흘어흘어 흘어서 쉬임이 없고

솟아솟아 솟아서 그지의 없는

힌메와 한가람은 무궁화 복판

거긔솟은 우리집 니름도 중앙

<원산 루씨여자고등보통학교(루씨 여고) 교가 (1절)>

높고 고운 장백산 뒤에 느러서

길고 먼 복락 빌어주며

맑고 깊은 동명물 앞에 림하야

넓고 큰 앞길 열어준다.

반공중에 우뚝 솟아 잇는 집은

루씨고등보통학교라.

영원 무궁화 우리 루씨녀학교

만세 만세 만만세로다.

무궁화는 교가 맨 서두 또는 1절에 나온다.

다음은 무궁화(근화, 근역)가 교가에 나오는(대다수 군국주의 극성기 1930년대 제정) 각급 학교 명단이다.

중앙고등보통학교/이화여자고등보통학교/동덕여자고등보통학교 (교복도 무궁화)/덕성여자고등보통학교(교표도 무궁화)/정신여고 (교복도 무궁화)/양정고등보통학교(근역)/장충보통학교(교표도 무궁화)/동대문중고(교표도 무궁화)/근화여학교(교표도 무궁화)/화중동학교/근화여자실업학교(교표, 교복 교기도 무궁화)/경성보육교/루씨여자고등보통학교/광림고등보통학교(공립 진주군 소재)/신천고(황해도 소재)/상남학교 (함경남도 장진군 소재 해발 3천 척 무궁화 교기)

『조선일보』 1937년 3월 2일(3면)
이화여고보 무궁화 교가

『조선일보』 1938년 2월 4일(4면)
동덕여자고보 우묵화 교표

『조선일보』 1938년 2월 15일(5면)
근화여학교 무궁화 교복

4. 일본이 한국을
근역(무궁화 지역)으로 조작한 까닭은?

    우리나라는 예로부터 일본을 가리켜 일본, 왜국(倭國), 부상(扶桑), 일역(日域) 순으로 불렀다. 키 작은 사람들이 사는 나라라는 의미의 왜국은 『삼국사기』 45회, 『삼국유사』 8회, 『고려사』 6회, 『고려사절요』 3회, 『조선왕조실록』 239회 게재되어 있다. 무궁화나무 나라인 '부상'은 『고려사』 6회, 『조선왕조실록』 97회 나온다. 즉, '부상'은 '왜국' 다음으로 많이 불린 일본의 흔한 별칭이었다. 일본 스스로 고려와 조선에 보내온 국서나 사신들을 통하여 '부상(扶桑)'이라고 칭했다.

    · 인월(引月)에서 공격하여 부상(扶桑) 〈일본〉을 두려움에 떨게 하였다.
                                      - 『고려사』, 세가 제45권 1390년 4월 1일

    · 부상(扶桑) : 동해 가운데 있다는 신목(神木)으로 일본을 가리킨다.
                            - 『조선왕조실록, 선조실록』 1595년 2월 10일

    '부상' 다음으로 자주 나오는 일본의 별칭은 '일역'이다. 해 뜨는 지역이라는 뜻이지만 일본은 국가로서의 자격이 미달하는 지역으로 폄하하는 시각이 깔려 있었다.

'일역'은 『고려사』16회, 『고려사절요』2회, 『조선왕조실록』에 29회가 나온다. 중국과 유구 등에서도 일역이라 부르고 일본 스스로 비칭했다[8].

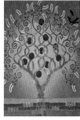

(왼쪽) 일본은 지금도 자국을 부상(扶桑)이라고 쓴다.
(오른쪽) 류큐국(오키나와) 왕궁 동종에 새겨진 문구 한국을 삼한, 일본을 일역(日域)으로 칭했다.

· 북방 사신이 와서 축수의 잔을 올리며 일역(日域)에서도 보물을 바치어 황제를 칭송하도다.

　　　　　　　　　　　- 『고려사』 1170년, 의종 24년 1월 1일(음)

· 박초(朴礎)는 시도 잘 짓고 글도 잘 지으므로, 일역(日域)으로 사신을 보냄이 무방할 만한 듯…

　　　　　　　　　　　- 『태종실록』 1413년, 태종 13년 6월 16일

· 일본 국왕 등의 서계를 보고하다 저의 일역의 고을(我日域之州)이 비록 이웃 지경을 접하였으나, 해양 만리에 치우쳐 동쪽 끝에 있어…

　　　　　　　　　　　- 『세종실록』 1440년, 세종22년 5월 22일

· 일본 국왕 원의정(源義政)[9]이 토산물을 바쳤다. 귀국에서 보낸 선박이 험한 풍파를 만나 일역(日域)에 이르기 전에 행방을 잃었다고 하니…

───────────────

8) 1. 日の照らす地域。 転じて、天下。 2. 太陽の出る所。 3. 《日の出る国の意から》日本の異称。
9) 무로마치 막부 8대 쇼군 아시카가 요시마사

                                              - 『세조실록』 1462년, 세조8년 10월 9일

· 황제 폐하(성종)의 수(壽)가 남산처럼 높고, 덕은 동해에 젖으시어, 신은 선조 이래로 대
  대로 일역日域에서 관리가 되니…
                                              - 『성종실록』 1473년, 성종 4년 3월 13일

· 대판에 근거를 둔 평수뢰가 역모의 뜻을 품어 일역(日域)을 차지하고자 하였다. 이에
  가강이 이를 서쪽으로 토벌을 나가 일역(日域)을 태산 같은 반석 위에 올려놓았다.
                                              - 『광해군일기』 1617년, 광해 9년 5월 30일

· 일역(日域)에 사신으로 나가는 자는 반드시 한 시대에 가장 뛰어난 인재를 선발해야 한
  다.
                                              - 『숙종실록』 1718년, 숙종 44년 12월 7일

'근역'은 '일역'에 대한 보복

구한말 이전 **우리 문학과 음악 중**
'무궁화' 전무

일본을 뜻하는 '일역'과 달리 근역
(槿域)은 『삼국사기』, 『고려사』,
『고려사절요』, 『동국통감』, 『국
조보감』, 『조선왕조실록』 등 한
국 역대 6대 관찬사서(정사)와 일연, 이
승휴가 쓴 사찬 사서 『삼국유사』,
『제왕운기』 등 한국 대표 8대 사서
약 7,000여만 자에는 '근역'이란 낱말
은 단 한 자도 나오지 않는다.

'대통령 비서실 일지'라 할 수 있는 『승정원일기』 2억3000만 자 중 '근
역'은 단 세 번 나오는데, 우리나라를 특정한 것은 아니다. 그리고 신라 말기
최치원(崔致遠, 857~미상)이 발해를 멸망시켜 달라고 당나라 조정에 보냈다는

「사불허북국거상표(謝不許北國居上表)」에만 자국 신라를 '근화지향(槿花之鄉, 무궁화의 마을이라는 뜻)'이라 가리킨 것, 단 한 건 뿐이다.

그것마저도 무궁화 원산지이자 자생지인 중국의 동남부처럼 신라도 물산이 풍부하고 인심이 순후한 지역이라는 뜻으로 쓰인 것이다. 중국 현대 온오프라인에 발견되는 '근역', '근화향' 등은 일제강점기와 현대에 이르기까지 한국 문헌을 역번역한 것이다.

요컨대 무궁화 나라, 부상(일본)이 한국을 '무궁화 지역(근역)'으로 변조한 목적은 무궁화의 한국의 나라꽃으로 신분 세탁 과정을 통하여 한국병탄과 내선일체 작업의 매개체로 삼으려는 제국주의적 행위로 파악된다. 이러한 목적 외에도 한국과 중국, 류큐 등 동아시아 주변 국가가 자국을 국가도 아닌 지역 '일역'으로 불러왔던 수모에 대한 복수의 의미도 담긴 것으로 통찰 분석된다.

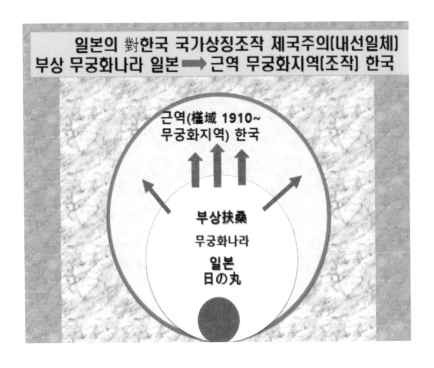

일본의 對한국 국가상징조작 제국주의[내선일체]
부상 무궁화나라 일본 ➡ 근역 무궁화지역[조작] 한국

근역(槿域 1910~
무궁화지역) 한국

부상扶桑

무궁화나라

일본
日の丸

무궁화로 날조된 신화속 화초&출전

화초명	출전	출전의 학계 평가	'무궁화'로 날조 시기	'무궁화'로 날조 국내 대표 텍스트
환화 (桓花)	단군세기	『환단고기』의 일부 위서	1970년대	산림청 홈페이지
	조대기	『환단고기』내 언급 위서	1970년대	산림청 홈페이지
천지화 (天指花)	단군세기	『환단고기』의 일부 위서	1970년대	산림청 홈페이지
근수 (槿樹)	단기고사	원전 없음, 일제 조작 필사본,위서	1900년대	산림청 홈페이지
훈화 (薰華)	규원사화	원전 없음, 일제 조작 필사본, 위서	일제강점기	산림청 홈페이지
훈화초 (薰華草)	*산해경	중국 괴기소설의 원조, 사료가치 없음	일제강점기	한국민족문화백과

- 고조선과 발해사를 기록한 한국대표 역사서 [삼국유사] [제왕운기]를 비롯 韓中日의 사료가치가 있는 모든 고문헌에는 상기 화초 명칭 자체가 나오지 않음.
- 중국 학계는 [산해경] 해외동경 9장의 훈화초를 기르는 '君子國'은 '일본'으로 비정,
- [산해경] 해내경 제18장엔 한반도를 가리키는 '朝鮮'편이 별도로 나옴.

5. 근역의 극성기는 일제강점기
중흥기는 박정희 시대

조선총독부 관보 제1호 '근역' 최초 출현

정사와 공식 문서로는 『조선왕조실록』 중 순종실록의 1910년 8월 29일 「대일본천황이 조서를 내리다」의 문건 속에 '근역(槿域)'이 처음이자 마지막으로 나타난다[10].

조선총독부 관보 제0001호

발행일 1910년 8월 29일 분야: 명치천황 조서

"짐이 생각건대, 이강(李堈) 및 이희(李熹)는 이왕(李王)의 의친(懿親)으로 명성이 일찍부터 두드러졌고 근역(槿域)이 우러러 보고 있으니 마땅히 특별한 대우를 가석하여 그 의칭을 풍부하게 해야 할 것이다[11]."

---

10) 1909년 7월 5일 초대 조선통감부 통감 이토 히로부미가 일본으로 돌아가며 함녕전에서 고종을 알현했다. 고종이 시제를 내렸다. 이토히로부미, 모리오노리(森大來), 소네아라스케(曾彌荒助), 이완용이 연회장에서 다음과 같은 합작시를 지었다.

단비가 처음내려 만사람을 적셔주니(甘雨初來露萬人 - 이토)
부상(일본)과 근역(한국)을 어찌다르다 논하리오 (扶桑槿域何論態 - 소네)
함녕전위에 이슬빛이 새로워지니 (咸寧殿上露革新 - 모리)
두 땅이 하나가 되니 천하가 봄이로다(兩地一家天下春 - 이완용)

11) 朕惟フ二李堈及李熹ハ李王ノ懿親ニシテ令問夙二彰ハレ근역ノ妄タリ宜ク殊遇ヲ加錫シ其ノ儀稱ヲ豊ニスヘシ玆二...

'근역'의 빈출도와 왜색의 농후도는 반비례

'근역'은 『조선일보』 1920년 3월 9일 제5호부터 1940년 7월 13일 219회[12] 『동아일보』 1920년 4월 1일 창간호부터 1940년 4월 2일까지 207회[13] 출현한다. 『동아일보』 1920년 4월 1일 창간호 3면에 일본인 마스야마(松山)는 「새봄」이라는 축시를 게재한다.

"어대에 어대에 어둠에 근역(槿域)에 마귀도 가고 ~ 저 무궁화 고흔 꽃에 나비가 안는다."

그러자 익일 식민지 지식인 최병헌은 익일(1920년 4월 2일) 5면에 축시로 답사한다.

"떠오르는 붉은 태양(욱일홍) 무궁화 나라 부상 일본(하늘)과 무궁화 지역 근역 조선(땅)은 동아의 건곤이로다."

'근역'은 『조선일보』와 『동아일보』만을 기준으로 1920~1940년 20년간 426회 출현(연평균 21.3회)한다. 이는 1945년부터 1999년 말까지 약 55년간 343회(연평균 6.2회 꼴)보다 3.4배 이상 높은 빈출도다.

'근역'의 빈출도를 해방 이후 1999년 말까지 좀 더 세분해서 파악해보자. '근역'은 해방 공간부터 자유당의 제1공화정, 민주당의 제2공화국에 이르기까지 1945년부터 1960년까지 101회로 급감(연평균 7회 꼴)한다. 그러나 '근역'

---

12) 1940년 8월 10일 일제는 태평양전쟁의 준비를 위해 조선·동아 등 한글신문을 폐간시켰다.
13) 1928년에만 7회 등장한다.
　　『동아일보』 1928-03-25 문맹퇴치 선전일 순서 3천리 근역에 고양할
　　『동아일보』 1928-05-31 근역서화징
　　『동아일보』 1928-06-02 근역서화징
　　『동아일보』 1928-12-17 최남선 오세창 씨 「근역서화징}예술중심
　　『동아일보』 1928-12-17 안세창 씨 「근역서화정」예술중심
　　『동아일보』 1928-12-18 최남선 오세창씨 「근역서화징」예술중심
　　『동아일보』 1928-12-19 오세창 씨 「근역서화징」예술중심의 일부조선인

은 부활한다. 박정희 시대 일제강점기 못지않은 중흥기를 구가한다.

1961년 5·16 군사 쿠데타로 집권해서 김재규에 의해 암살될 때까지 (1979.10.26.) 재패니즈 프렌들리(종일매국의 순화어) 박정희 18년 집권 기간 '근역'은 무려 172회나 출현한다(연 평균 10회 꼴). 그러나 1980년부터 '근역'은 우리 사회에 깊이 뿌리박은 왜색의 퇴조로 감소한다. 1980~1999년 20년간 '근역'의 출현 회수는 80회(연평균 4회)에 지나지 않는다. 이상에서 우리는 '근역'의 빈출도는 왜색의 농후도와 반비례하는 경향이 있음을 알 수 있다.

〈조선·동아 '근역(槿域)' 출현 회수 시대별 비교표〉

시기	조선 일보	동아 일보	계	연평균 출현횟수	경향 신문	매일 경제	한겨레
1920~1940년(20년)	219회	207회	426회	21.3회	-	-	-
1945~1960년(15년)	40회	55회	95회	6.3회	38회	-	-
1961~1979년(18년)	71회	97회	176회	9.8회	92회	37회	-
1980~1999년(20년)	39회	41회	80회	4.0회	9회	16회	11회
1945~1999년(55년)	150회	193회	343회	6.2회	192회	53회	11회

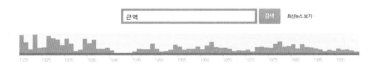

1920-1940년대 일제강점기가 근역의 전성시대라고 할 수 있다.
반민특위가 해산된 1949년 근역의 출현빈도가 대폭 늘었다.
1945년 이후 막대는 조선과 동아, 경향, 매경, 한겨레신문을 포함한 것.
도편 출처: 네이버 뉴스라이브러리 뉴스검색 프로그램

'근역'이라는 왜식 조어를 사용해서는 안 되는 까닭은

『아방강역고我邦疆域考(1811년)』가 다산 정약용이 고조선에서 발해까지 우리나라 강역을 고증해 쓴 역사지리서다. '아방강역'이란 우리나라의 영역 지역을 말한다. 역(域)은 국가(Country, state, nation) 의미인 방(邦)과 달리 영토 내의 지방, 세력 범위, 봉국, 판도(Region, area, domain)를 의미한다[14].

'근역'은 문자 그대로 무궁화 지역이라는 뜻이다. 무궁화 나라 부상 일본 영토내의 지방, 세력범위를 뜻한다. 다시말하여 '근역'은 일본이 과거 나라도 아닌 지역 '일역'으로 칭한 데 대한 보복이자 부상(무궁화 나라) 일본의 세력 범위, 즉 근역(무궁화 지역)이라는 고약한 일본식 조어다. 이런데도 모든 경제 지표가 일본보다 앞선 21세기 세계 선도국 대한민국이 아직까지도 스스로를 나라도 아닌 지역, '근역'이라는 치욕스러운 단어를 쓰면 되겠는가?

『동아일보』 1927년 7월 31일(2면) 꽃칠은 무궁화에...

---

14) 《汉书·陈汤传》：“出百死，入绝域。”《韩非子·难一》：“是管仲亦在所去之域矣。”音域；境域；域名；定义

6. 조선총독부기관지 인기 연재소설, 「무궁화」

너무나 유명한 이광수의 「무정」, 꽁꽁 감춰진 이상협의 「무궁화」

· 『매일신보』가 총독부기관지가 된 이후로는 전력을 소설에 기울인 것은 숨기질 못할 사실이다. 이상협의 『무궁화』 등 소설을 소개하여 호평을 얻었다.

– 1923년 7월 『개벽』 제37호

  1910년 경술국치 이후 조선총독부기관지 『매일신보』는 1920년 『조선일보』와 『동아일보』가 창간되기 전까지 유일한 한국어 신문이었고, 태평양 전쟁 중 두 신문을 폐간하면서 1940년부터 또다시 유일한 한국어 신문이 되었다.

  『매일신보』는 일제 강점의 정당성을 강화하기 위하여 조선의 모습을 범죄와 성적 문란과 무질서의 아노미적 상황으로 묘사했다. 사회면의 고발기사는 주로 여인의 일탈에 집중되었다. 문화면에는 한국인의 시공에 생소한 무궁화를 선전하고 널리 홍보했다.

  1918년 『매일신보』는 아주 독특한 제목과 형식의 소설을 연재한다. 1918년 1월 25일부터 7월 27일까지 122회에 걸쳐 연재된 한국 문학사상 두 번째 장편소설, 하몽 이상협(1893~1957년)의 『무궁화』다. 이는 1917년 1월 1일부터 6월 4일까지 126회에 걸쳐 연재된 문학사상 최초의 근대 장편소설인 춘원 이광수 『무정』의 후속작이다. 즉, 『무정』과 『무궁화』는 조선총독부 기관지인 『매일신보』에서 연재된 한국 문학사상 첫 번째와 두 번째 장편소설이다.

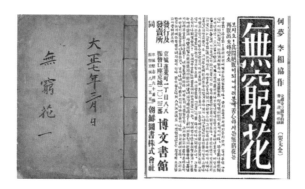

(왼쪽) 이상협, 『무궁화1』초판, 1918년(大正) 7년 3월, 200쪽, 이상협이 1917년 『매일신보』에 연재한 소설 『무궁화』를 필사한 책으로, '아버지의 유언', '옥덩이와 진국이', '사랑의 봉오리', '이돈, 이소년', '대담한 흉계', '의외의 편지' 순으로 총 6회가 수록됐다. 주식회사 조선상업은행(朝鮮商業銀行)에서 발행한 인찰지에 필사한 것으로 국한문혼용 세로쓰기, 오침선장(五針線裝) 함.

(오른쪽) 이상협, 『무궁화(2판)』, 박문서관, 1924년 10월 6일 『매일신보』, 『조선일보』, 『동아일보』, 대형 신문 광고

　　『무궁화』와 『무정』의 작자 둘 다 친일 인명사전 등재 인물이다. 『무궁화』와 『무정』은 1남 2녀의 삼각관계를 그린 소설로, 일제강점기 최고의 인기 장편소설이다. 공교롭게도 두 소설의 여주인공 직업은 모두 기생이다. 유교적 여성상을 왜곡시켜 일본 제국주의를 위한 현모양처론에 끼워 맞추는 『매일신보』의 여성 정책은 『무궁화』와 『무정』에서 보이는 여성 의식의 근간이 됐다.

　　그런데 참 이상하지 않은가? 『무정』은 너무도 유명하지만, 『무궁화』는 소설의 존재 자체도 모른다. 왜 『무궁화』와 그 작자 이상협은 꽁꽁 숨겨왔던 것일까? 무궁화, 한국의 국화 격이고 국가와 국장 대통령휘장, 최고 훈장 국회의원 뱃지 국회와 법원 휘장등 대한민국 국가 상징 독점 지배사물

무궁화를 제목으로 한 일제강점기 소설인데 더욱더 홍보해야 하지 않을까? 소설 『무궁화』의 주인공과 줄거리는 무엇이며 『무궁화』의 작자 이상협은 도대체 누구인가?

꽁꽁 숨겨 둔, 한국사상 두 번째 현대 장편소설 『무궁화』의 줄거리

양보심 많은 기생 무궁화와 양반집 딸 김옥정, 그리고 사랑방 손님 심진국 등 두 여인과 한 남자의 삼각관계를 그린 무궁화의 줄거리는 다음과 같다.

김교리의 딸 옥정은 계모 홍씨의 냉대를 받지만 김교리의 자상한 교육으로 현숙한 여성으로 자란다. 어느 날 김교리는 옥정과 사랑방에 기거하던 심진국을 불러 둘이 정혼한 사이였음을 알리고 세상을 뜬다. 그때부터 옥정과 심진국은 서로를 마음에 둔다. 몇 해 전 사립문 밖에 심어 둔 무궁화나무가 서로의 마음을 교감할 수 있는 장소가 된다.

계모 홍씨는 옥정을 송관수라는 불량배에게 시집보내려고 사촌 동생 홍명호와 짜고 지속적으로 위협을 가한다. 어느 날 밤, 옥정은 이 셋이 심진국을 해치기 위해 모의하는 것을 엿들었고, 그 사실을 영리한 강아지 오월을 통해 심진국에게 알렸다. 그러자 심진국은 파혼하자는 편지를 무궁화 가지에 매달아 놓고 경성으로 도망쳤다. 심진국은 약장수를 하다가 기생 무궁화(본명: 미상)와 관계를 맺고 결혼을 전제로 동거를 시작한다.

한편 심진국을 잊지 못한 옥정은 남장을 하고 애견 오월이를 데리고 경성으로 향한다. 갖은 고생 끝에 경성에 도착한 옥정은 뒤를 쫓아오던 송관수와 홍명호를 피해 오월이를 밖에 두고 여학교로 피신한다. 옥정은 그곳에서 만난 기생 무궁화와 자매처럼 지내며 무궁화의 권유로 여학교에도 입학한다. 결국 오월이를 통해 심진국과 옥정, 무궁화가 한자리에 모이게 된다. 무궁화는 그간의 사연을 모두 듣고 사랑하는 남자 심진국을 양반집 딸 옥정에게 양보하기로 한다. 이후 심진국과 옥정은 결혼하여 일본의 와세다 대학으로 유학가고, 무궁화는 강아지 오월이를 데리고 기생 생활을 계속한다는 것으로 이야기는 끝을 맺는다.

『무궁화』는 참으로 고약한 소설이다. 한국의 시공과 한국인의 의식에 극히 생소한 무궁화를 배경으로 등장시키고, 주인공 기생 이름도 무궁화다.

이상협, 『무궁화(3판)』 신문관, 1936년
『무정』과 쌍벽을 이룬 일제강점기 최고 인기 장편소설

사랑하는 남자를 신여성에게 양보, 둘을 일본으로 떠나보내고 자신은 애견과 함께 사는 기생 무궁화의 일방적 희생과 터무니없는 사랑 이야기는 공전의 히트를 쳤다.

1920년 창간 초기, 동아가 조선을 압도했다. 조선이 동아보다 한 달 먼저 창간했지만 자본금은 동아의 절반도 안 되는 등 동아에 비교조차 할 수 없을 만큼 열악했다. 더구나 동아에는 소설, 『무궁화』의 연재로 무궁화에 생경한 식민지인에 무궁화를 각인시키는 데 막중한 공을 세운 이상협이 있었기 때문이었다.

『무궁화』 저자 종일 매국 언론인 이상협의 화려한 스펙

『무궁화』의 저자 이상협은 누구인가?

2009년 민족문제연구소가 출간한 『친일인명사전』 2권의 907~909쪽을 살펴본다. 한국 언론사상뿐만 아니라 세계 언론사상 이처럼 화려한 스펙을 자랑하는 언론인이 또 있을까?

1912년(19세) 조선총독부 기관지 『매일신보』 기자로 입사

1915년(22세) 조선총독부 기관지 『매일신보』 사회부장

1918년(25세) 조선총독부 기관지 『매일신보』 발행인 겸 편집인

1920년(27세) 조선총독부 발행인가 2253호 『동아일보』 초대 발행인 겸 편집인 겸 편집국장 겸 논설실장 겸 사회부장 겸 경리부장

1924년(31세) 조선총독부 발행인가 2249호 『조선일보』 이사 편집국장

1926년(33세) 친일신문 『시대일보』 인수하여 『중외일보』 창간

1933년(40세) 『주식회사 매일신보』 부사장, 만주국 기관지 『만몽일보』 고문

1935년(42세) 조선인 최고 보도인 조선총독 표창장 수여

1938년(45세) 『매일신보』 자매지 『국민신보』 발행인

1949년(56세) 반민특위에 의해 체포

1954년(61세) 『자유신문』 부사장

25세 이상협을 『매일신보』 발행인, 『동아일보』 초대 발행인으로 만든 소설 『무궁화』

이상협(1893년~1957년)
조선총독부 기관지 『매일신보』 발행인
『동아일보』 초대 발행인, 『조선일보』 이사

하몽(何夢) 이상협은 1893년 6월 11일 서울 종로구 누상동에서 계리사 이용우와 종일 매국노 고영희의 누이인 어머니 사이에서 태어났다. 이상협은 보성중학교를 거쳐 관립한성법어(프랑스어 학교)를 수료한 후, 1909년 일본에 건너가 게이오대학에서 2년간 수학하였다. 1912년 일본에서 귀국하여 조선총독부 기관지 『매일신보』에 입사하여 기자 생활을 시작했다. 물론 그가 조선총독부 기관지에 입사한 것은 그의 외숙인 종일 매국노 고영희의 배경 덕분이었다.

만 19세의 이상협은 1912년 『매일신보』에 일본 유명 작가 와다나베 가테이(渡辺霞亭)의 『상부련』을 번안하여 『재봉춘』을 연재했는데, 이는 후일 연극으로 무대에서 상연되기도 했다. 1914년 일본 작가 구로이와 루이코(黒岩涙香)의 『사소주』를 번안해 『정부원』을 연재했다. 이상협은 1915년 6월 지금의 사회부장에 해당하는 『매일신보』의 연파주임에 선임됐다. 입사 3년 만에 『매일신보』 사회부장으로 승진한 이상협은 1916년 뒤마의 『몽테크리스토 백작』을 구로이와가 번안한 『암굴왕』을 재번안하여 『해왕성』을 연재했다.

이상협이 일제하의 기자로 최고의 귀재라고 불릴 정도로 뛰어난 명성을 남긴 것은 1918년 1월 25일부터 7월 27일 『매일신보』에 『무궁화』를 연재하면서부터다. 『무궁화』 연재를 마친 다음 달 1918년 9월 『매일신보』 발행 겸 편집인이 됐다. 약관 25세 식민지 청년이 입사 6년 만에 조선총독부 기관지 『매일신보』의 총수가 된 비결은 『무궁화』 덕분이다.

1920년 1월 『동아일보』 창립 발기인으로 참여했다. 같은 해 4월 『동아일보』 발행인 겸 편집인을 맡았고 동시에 편집국장으로서 사회부장, 정리부장, 논설실장을 겸했으며, 『동아일보』 1920년 4월 1일 창간호를 1면부터 8면까지 무궁화로 온통 도배했다. 간단히 말하면 이상협은 19세 어린 나이로 조선총독부 기관지 『매일신보』 기자로 입사하고 22세 사회부장으로 승진했다. 이후 25세 『무궁화』 연재로 무궁화 선전 홍보의 공을 더하여 『매일신보』 발행인 겸 편집인으로 식민지 조선의 언론계의 패자로 군림한데 이어, 27세 『동아일보』 초대 발행인 겸 편집인 겸 논설실장으로 올라섰다. 이렇게 승승장구할 수 있었던 비결 중 하나는 그의 외삼촌, 악질 종일 매국노 고영희의 막강한 인맥과 후원 덕분이다.

1924년 9월 『조선일보』 이사와 편집국장을 지냈다. 1926년 9월 민족 반역자 최남선이 발간한 『시대일보』를 인수하여 『중외일보』로 제호를 바꾸고 창간호를 발행하였다. 그리곤 1927년 2월 27일 『시대일보』는 "근역은 일본의 이칭"이라는 사설을 싣는다. 1929년 10월 조선어사전편찬회 발기인으로 참여했다. 1933년 7월 조선총독부 주도로 윤치호 등으로 조직된 중앙진흥협회 이사를 맡았고 8월에 만주 신징(지금의 장춘)에서 창간된 『만몽일보』 상담역(고문)에 선임됐다. 같은 해 10월 『매일신보』 부사장 겸 이사에 임명되었다.

1935년 10월 조선총독부시정 25주년 기념 우가키 가즈시게 조선총독으로부터 '최고 보도인 표창'을 받았다. 표창 이유는 19년 동안 한글 신문사를 전담하면서 "오직 전심전력을 다해 한뜻으로, 때로는 언론에서 때로는 문장으로 반도 민중에게 총독 정치를 철저히 이해시킴으로써 그 오해를 제거하고 내선인의 융합에 노력하였을 뿐만 아니라 통치의 진상을 선명하게 밝혀줌으로써 조선 문화의 개발과 그 향상에 노력하는 등 조선 통치를 위해 공헌한 공적이 실로 크다."라는 것이다.

1937년 5월 조선가요협회를 개편한 조선문예회문학위원장으로 취임하고 같은 해 7월 경성군사후원연맹위원으로 활동했다. 이 연맹은 중일전쟁 개전 이후 "일반 국민에 대한 황군 원호 철저, 응소 출동이나 개선 군인의 환송·접대 등"의 활동으로 군인의 사기를 위해 조직되었다.

1938년 2월 조선지원병제도제정축하회 발기인으로 참여하고 같은 달 조선 내 일간 신문 25개 사로 조직된 조선춘추발회식에 『매일신보』 대표로 주도했다. 또, 같은 달 조선총독부 사회교육과에서 내선일체의 강회 철지를 도모하기 위해 3개년 사업으로 국어(일본어) 보급반 민간 편찬위원을 맡았다.

1938년 12월 『매일신보』의 자매지 『국민신보』 발행인을 맡았다. 1939년 7월 조선총독부 기관지 『총동원』의 편찬위원으로 활동했다. 1940년 『총동원』 제2권 제6호에 기고한 「시국과 보도기관의 사명」에서 언론 매체 종사자를 한 사람의 황국 병사로 정의하고 한 개의 포탄은 적 진지의 한 지점을 파괴하는 데 그치는 것이지만, 우리의 보도기사의 1행은 확실하게 전 세계로 영향을 미치는 바가 있음을 명심하는 것이다.해방 후 1949년 2월 반민특위에 체포되었다. 1954년 『자유신문』 부사장을 지내다 1957년 1월 14일 사망했다.

드골 치하의 프랑스였다면 이상협은 어떻게 되었을까? 1944년 8월 25일 프랑스가 나치 점령에서 해방됐다. 프랑스 사법부는 나치 부역자 6,763명에게 사형을 선고했다. 부역 언론인이나 문인에 대한 형량이 무거웠다. 694종의 신문·잡지가 폐간·몰수됐고, 친독잡지 『오토』의 사주인 알베르 르쥠 등 편집인과 주필 5명이 처형됐고, 7명이 무기징역으로 감형받았다. 드골은 말했다.

"프랑스가 다시 외세의 지배를 받더라도, 또다시 민족 반역자가 나오는 일을 없을 것이다."

한국엔 드골이 없었다. 초대 대통령 이승만은 '반민족행위특별조사위원회'를 해체시켰고, 백범 김구는 민족 반역자를 처단하고 해방된 조국의 분단을 막으려다 살해됐다. 프랑스의 드골 치하였다면 이상협은 어떻게 되었을까? 그의 출세작 『무궁화』 … 더 이상 할 말을 잊었다. 최악의 종일 매국 정치인은 이완용(초기 독립파, 친러파)이 아니라 시종일관 뼛속까지 종일 매국 윤치호이듯 최악의 종일 매국 언론인은 이광수, 최남선(둘 다 초기 독립파)이 아니라 시종일관 뼛속까지 종일 매국 이상협이다.

『동아일보』 1927년 12월 29일(3면)
무궁화 꽃송이 동화책 광고

『동아일보』 1932년 5월 27일(1면)
무궁화 화장품 광고

대한제국 3대 망국 조약 및 체결자
죄악의 엄중(일제의 대우)순 : 1.윤치호 2.이완용 3. 박제순

	조약 체결자	조약 명칭	일시	상납한 국권	謹弔 대한제국	조약체결자 최종 직위
1	윤치호	제1차한일협약(갑진늑약)	1904. 8.22	정책결정권	사망일	일본제국 의회 귀족원 의원
2	박제순* (윤치호)	제2차한일협약(을사늑약)	1905. 11.17	외교권	입관일	조선총독부 중추원 고문
3	이완용	한일합방조약(경술국치)	1910. 8.29	주권	매장일	조선총독부 중추원 부의장

- 박제순: 을사늑약의 명의상 체결자. 평안남도 관찰사에서 외부대신(정권)에 임명된 지 50인. 외부대신 재직기간(1905.9-11)불과 2개월.
- 윤치호: 을사늑약의 선전적 주모자: 당시 조정의 대외교섭권을 장악한 외부협판(사권), 외부협판 재직기간 (1904.3-1905.12), 외부협판 겸 외부대신 서리 재직기간 (1904.8-1905.9, 1905.11-1906.1) 갑진늑약에 이어 을사늑약 체결 주모자

7. 남궁억: 겉으론 무궁화 보급
속으로 비밀결사 독립운동

무궁화는 우리 민족혼의 표상이다. 그렇기 때문에 수난의 시대도 있었다. 일제는 우리 '얼'을 말살하려고 무궁화에 '개똥 꽃'이니 '부스럼 꽃', '눈병 나는 꽃' 등 천한 이름을 붙였다. 닥치는 대로 캐내고 뿌리째 뽑고 심지어 불살라 버리기까지 했다. 한서 남궁억 선생이 홍천 모곡에 은둔하며 묘목을 생산해 방방곡곡에 퍼뜨린 것도 이러한 이유 때문이다. 그러나 '무궁화동산 사건'이 벌어져 옥고를 치렀고 급기야 비밀리에 심은 무궁화까지 모조리 뽑혔다.

- 무궁화 사랑, 『강원일보』 2009년 8월 25일

남궁억은 민족의 존재 이유를 무궁화의 존재 이유에다 걸었던 것이었고, 그러한 이유와 실천 때문에 일제에게 희생되었던 것으로 『동아일보』에 크게 보도된 무궁화동산 사건, 곧 '십자가당' 사건이다. 일제는 보리울학교를 수색했고 따라서 무궁화 묘목도 발각되었다. 이리하여 남궁억은 체포되었으며 보리울학교도 폐쇄되었던 것이다.

- 남궁억 선생의 무궁화 사랑, <한국콘텐츠진흥원>, 2006

이처럼 무궁화 관련 국내 대다수 매체와 텍스트들은 남궁억 선생이 '무궁화동산 사건'으로 '무궁화 보급 운동'을 비밀리에 펼치다가 일제에 의해 발각되어 구속되었다고 적고 있다. 과연 그럴까?

한서 남궁억(南宮檍, 1863~1939) 선생은 윤치호(尹致昊, 1865~1945)와는 사돈 간이다. 그러나 남궁억은 순열한 기독교 민족주의자로서, 윤치호는 기독교를 빙자한 종일 매국노의 대부로서 둘은 전혀 다른 삶을 살았다. 남궁억 선생은 젊은 시절부터 개화, 계몽운동을 추진하고 성주목사, 양양군수를 지냈으나 1905년 을사늑약으로 관직을 사퇴하고 계몽, 교육 활동에 전념하였다.

남궁억은 1918년 건강이 악화되어 친지들의 권고에 따라 선조의 고향인 강원도 홍천군 서면 보리골, 모곡으로 낙향하였다. 1919년 3·1운동 이후 사이토 마코토(齋藤實)가 조선총독으로 부임하면서 이른바 문화 정치를 펼치자, 남궁억은 그해 9월 모곡학교를 설립하였다. 후에 모곡학교는 총독부 학제 개편에 의해 한서국민학교와 한서중학교로 분리되었다. 이 대목에서 서두에 예시한 것처럼 국내 무궁화 관련 문헌들은 남궁억 선생이 무궁화 묘목을 비밀리에 재배하다가 일제 관헌에 무궁화 묘목이 발각된 것처럼 적고 있고, 국민 대다수는 그렇게 믿고 있는데... 그러나, 묻겠다.

1932년 2월 28일 『동아일보』에 "홍천모곡학교 학교 경비를 무궁화 묘목 판매로 충당한다."라고 홍천모곡학교 교장 남궁억 선생의 공고가 나왔다. 1933년 11월 초 남궁억 선생의 이른바 '비밀 무궁화 묘목이 발각되기' 7개월여 전의 『동아일보』 1933년 3월 29일 자 4면(1회), 3월 30일자 4면(2회), 4월 1일자 4면(3회)에 "한서 남궁억 선생 쇠뿔산 개떡바위 밑 보리울촌 무궁화 묘포에 선생을 찾아서" 같은 제목으로 대서특필된 현장 취재 기사는 무엇인가? 남궁억 선생의 무궁화 묘포를 구체적 지점까지 명기하여 널리 홍보하는 특집 연재 기사인데 '비밀리에 심은 무궁화', '발각되었고' 운운은 도대체 웬 뚱딴지같은 소리인가?

洪川牟谷學校
學校의 經費로
無窮花苗木販賣

洪川(洪川)에서는 무궁화묘포(無窮花苗圃)를 경영하야 학교경비로 하야 오는중인데 금년에 시작하야 학교경비에 충당하랴 금년에 재배하는 방법은 다음과갓다한다

一, 注文及栽植方法
二, 注文期限은 三月末日以內
三, 苗木代金은 每本三十本以上 一厘(注文並)
四, 苗木發送法은 五, 代金付送法은
第五種郵便 六,
栽植方法은 株與株距離를 三尺 代金付送法은 庭園으로 하고口位置는 日光 으로하라

(왼쪽)翰西南宮檍先生 쇠뿔산 개떡바위 밋 보리울村 無窮花苗圃에 先生을 차저서(제1회),
『동아일보』1933년 3월 29일(4면)
(가운데) 翰西南宮檍先生 쇠뿔산 개떡바위 밋 보리울村 無窮花苗圃에 先生을 차저서(제2
회), 『동아일보』1933년 3월 30일(4면)
(오른쪽)翰西南宮檍先生 쇠뿔산 개떡바위 밋 보리울村 無窮花苗圃에 先生을 차저서(제3
회), 『동아일보』1933년 4월 1일(4면)

또한 일제 강점기와 1961년 5·16 박정희 군사 쿠데타 이전 그 어떤 문헌
과 자료에도 '무궁화동산 사건'은 없었다. '십자가당 사건'만 있을 뿐이다. 당
시 신문 기사 제목과 내용을 전수 분석하였으나 무궁화는 일언반구도 없다.

검사의 기소 내용에 무궁화는 전혀 없었다

조선총독부 검사 무라타 사분(村田左文)의 남궁억에 대한 기소 내용 중 무
궁화는 일언반구도 없다.

다음은 『조선중앙일보』 1935년 1월 19일(2면), "조선역사를 기록한 『조선화』 내용이 문제, 기미사건의 기술이 불온하다고 검사 기소 내용"의 제목으로 기록된 검사 기소 요지다.

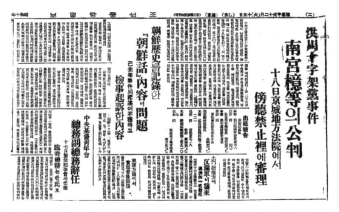

"조선역사를 기록한 『조선화』 내용, 문제 기미년 사건의 기술, 불온하다고 검사 기소한 내용" 『조선중앙일보』 1935년 1월 29일(2면)

남궁억은 홍천군 서면 모곡리에 모곡학교를 설립하여 민족 사상을 고취하다가 소화 6, 7년경 조선의 내력을 기록한 서적인 『조선화』 5권을 김복동에게 의뢰하여 발행하였는데, 그 내용은 조선 단군 시대부터인바, 그중 1권은 대정 8년 3·1 운동 사건에 관한 사실을 기록한 문구가 불온하였다는 것이며, 이를 리기선 등을 내세워 판매하였고 소화 8년에는 동교 6년생을 전부 모아놓고 불온한 언행을 하였다는 것이다.

겉으론 무궁화 보급을 내걸고 내밀히 비밀결사 독립운동

이상과 같은 검사의 기소와 판사의 심문뿐만 아니라 일제 경찰과 검찰의 남궁억에 대한 심문 기록을 전수 분석한 결과, 무궁화 건은 거의 없고 단군 조선과 3·1운동을 기록한 역사책과 십자가당 비밀결사 활동 혐의에 집중되어 있음을 알 수 있다.

1935년 '십자가당' 사건으로 구속 당시 남궁억 선생
무궁화 보급 운동과는 아무런 관련 없음

1935년 1월 31일 남궁억은 10개월, 집행유예 3년을 선고받고 당일 풀려
나왔다(『동아일보』 1935년 2월 1일 2면). 그는 석방된 지 4년 뒤 1939년 4월 5일
자택에서 영면했다(『동아일보』 1939년 4월 7일 2면).

1939년 4월 20일 강원도 경찰부장이 경성지방법원 검사장에 보낸 비밀
문건(江高秘 제826호)에 따르면 남궁억, 남천우, 이윤석은 민족주의 사상을 가
진 기독교인이었고, 유자훈은 사회주의 사상을 가진 기독교인이었다. 이들
이 주축이 된 십자가당은 기독교, 민족주의, 사회주의 등 세 가지 상호 이질
적인 종교와 사상을 기독교의 삼위일체식으로 합일시켜 '공존공영의 천국'
을 지상에 건설하고자 했다. 이들은 이러한 세 가지 사상을 융화시켜 일본
제국주의에서 한민족을 해방시키고 기독교적인 사회주의 국가를 건설하려
는 이상을 갖고 있었다. 이에 따라 임진왜란 때 왜군을 물리친 이순신, 종교
운동가이자 사회 개혁가로서 남감리교를 통일한 요한 웨슬레, 러시아에서
사회주의 혁명을 완수한 레닌 등을 가장 존경할 만한 인물로 꼽았다.

십자가당은 기독교에 기반한 민족 사회주의를 추진하려던 비밀결사였다.
그리고 남궁억 선생이 일제에 의해 체포, 투옥된 원인은 무궁화 보급 운동을
했기 때문이 아니라 기독교에 기반한 민족 사회주의 비밀결사 활동을 한 것

으로 일제가 의심했기 때문이라는 걸 잘 알 수 있다. 남궁억 선생은 무궁화 보급을 탄압당한 게 아니라 무궁화 보급을 내걸고 비밀 항일 애국 활동을 펼치다가 일제에 탄압당한 것이다.

끝으로 한반도에 무궁화가 흔히 있었더라면, 남궁억 선생이 굳이 무궁화 보급 운동을 할 필요가 있었겠는가? 일제강점기 남궁억 선생은 겉으론 무궁화 보급을 내걸고 내밀히 비밀결사 독립운동을 했는데, 오늘날 당국자들은 명목적으로 형식적으로 우리나라 꽃 보급을 내걸고 실제적으로 결과적으로 '트로이 왜꽃 무궁화' 이식 작업을 계속하면 되겠는가?

설령 완전 허구지만 무궁화를 몰래 심은 죄로 남궁억 선생을 일제가 탄압했다 치자. 무궁화를 남궁억이 창조했는가? 무궁화의 존부가 남궁억 1인에 달려 있나? 홍천군 모곡리 무궁화를 없애니 전국 방방곡곡 무궁화가 자동으로 없어졌는가?

『조선일보』 1937년 8월 7일(3면)
1937년 7월 7일 중일전쟁 개전 한 달 연전연승하는 일본군을 축하하듯 '한창 핀 무궁화' 대형 화보

『조선일보』 1937년 8월 29일(3면)
'무궁화의 미소철!' 대형 화보

8. 조선 은행권 속에서
무궁화는 활짝 피었습니다

　지폐는 국가다. 국가 없는 지폐는 없다. 금속 자체에 소재 가치가 있는 금·
은·동화(貨)와 달리 지폐의 가치는 온전히 국가로부터 나오기 때문이다. 지
폐는 한 나라의 과거와 현재, 지와 정, 주권과 국력을 함축한 표징이자 지표
이며 정체성을 나타내는 얼굴이다.

　'낙엽은 폴란드 망명정부의 지폐'로 시작하는 시인의 노래는 낙엽을 더욱
슬프게 한다. 낙엽은 슬프도록 아름답지만 주권 없는 국가의 지폐는 슬플 따
름이지 아름답지 않다. 그러나 20세기 전반, 한반도에 통용되던 지폐는 폴
란드 망명정부의 지폐가 부러운, 어쩌면 낙엽에도 부끄러운 식민지의 지폐
였다. 그 나라 잃은 슬픔, 조폐권을 침탈당한 아픔의 시절, 일제강점기와 해
방 공간의 통용되었던 지폐 속 문양의 변천 궤적을 살펴보자.

한국지폐속(1932~1950) 무궁화 문양 변천사

- 지폐속 무궁화 문양의 크기와 위치 명확도, 일제 점령지 확장 및 일제세력에 정비례
- 최초의 한국은행권(1950.7.22), 무궁화 문양 완전 삭제 : 북한군의 일제 말기 미발행 잔존 무궁화문양 지폐 불법유통 대응목적

순	발행 지폐	발행은행	발행주체/발행연월	주요문양	보조문양	무궁화 문양 상황	비고
1		조선은행	일제 1932.6	무궁화	오동꽃	중앙 액면 글자 배경	만주괴뢰국 수립직후 3종 발행
2		조선은행	일제 1938.12	무궁화	오동꽃	좌측에 대형 명확 무궁화 문양 확대	중국대륙 점령, 일제 극성기 9종 발행
*3		조선은행	일제 1945.2	무궁화	무궁화 무궁화	지폐전면 3개의 무궁화문양으로 도배	미발행지폐 6.25당시 지폐 북한군 불법유통 경제질서 교란
4		조선은행	미군정 1946.7	무궁화	무궁화	보조문양 오동꽃을 무궁화로 변경	무궁화 주문양은 그대로 유지
5		조선은행	한국정부 1949.9	X	무궁화	무궁화 주문양 삭제	'수노인'을 '독립문'으로 변경
*6		한국은행	한국정부 1950.7	당초문	X	무궁화 문양 완전 삭제 *북한군의 무궁화 지폐유통 대응	최초의 한국은행권 전시, 대구에서 발행

사실상 일제강점기는 1902년부터 시작되었다

국내에서 발행된 최초의 은행권은 불행하게도 우리 것이 아닌, 일본의 제일은행권이었다. 일본 제일은행이 1902년 우리의 금융계를 장악할 목적에서 무단으로 발행해 강제로 유통시킨 1원권과 5원권, 10원권 3종의 지폐가 바로 우리나라 최초의 은행권이다. 당시의 은행권 앞면에는 일본 제일은행 총재의 초상이 실려 있다. 따라서 사실상 일제 강점기는 1910년부터가 아니라 조폐권을 침탈당하기 시작한 1902년이었다.

1914년 최초의 조선은행권인 100원권에는 일본은행 구 100원권에 있던 대흑천상(大黑天像)이 도안으로 사용되었다. 조선은행권은 1914년 100원권 지폐 이후 해방 전까지 모두 19종이 발행되어 한국뿐만 아니라 만주 지방과 중국 본토에서까지 유통되었다. 즉, 1917년 12월부터 관동 지방과 남만주 철도 부속지에서 법화로서의 강제 통용력을 갖게 된 것을 필두로 만주에서

의 일본 국고 업무를 취급하는 등 대륙 침략 병참기지로서의 일익을 담당한 것이다.

일본의 판도가 커질수록 지폐 속 무궁화도 커지는가

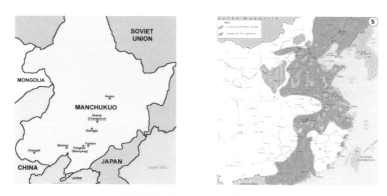

1932년 일본판도 / 1938년 일본판도

천양무궁(天壤無窮, 천황 영토의 무궁 확장)을 향한 무궁한 질주, 1931년 브레이크 없는 일본 군국주의호는 만주사변을 일으켜 광활한 북방 대륙을 집어삼

켰다. 1932년 6월 1일 대장성 인쇄국은 천양무궁을 상징하는 꽃, 즉 천양무궁의 약칭 '무궁화'를 조선은행권 10원권의 도안으로 넣어 발행했다. 지폐 중앙부의 '십 원(문자)'의 배경 도안으로, 지폐 상단에는 일본 정부의 상징 오동이 보조 문양으로 삽입되었다. 똑같은 주 소재와 도안으로 1935년 6월 1일, 5원권을 발행하였다.

(왼쪽) 1932년 6월 1일 일본 대장성 인쇄국에서 발행한 10원 앞면에는 拾圓 문자를 기준으로 중앙에 무궁화가 도안되어 있다.
(오른쪽) 1938년 12월 1일 일본 대장성 인쇄국에서 발행한 100원 앞면에는 百圓 문자 옆에 무궁화가 더욱 선명하게 도안되어 있다.

1937년 7월 7일, 중국 본토를 전면 침공한 일본군은 그해 11월 중화민국 수도 난징을 점령했다. 약 한 달 동안 30만 양민을 학살하는, 즉 매일 민간인 1만 명 죽이기 파티, 난징대학살의 만행을 저질렀다.

그 후에도 일제는 산시, 산둥, 허베이, 상하이, 광저우를 차례로 점령했다. 일본군이 국민당 임시 수도 우한을 점령한 일제의 극성기의 정점에 이른 다음 달, 1938년 12월 1일 일제는 조선은행권 전면 좌측에 대형 무궁화 문양 1,000원권(현재 가치 약 100만 원)을 발행했다.

급팽창하는 관동군의 군사비를 조달하기 위해 일제는 똑같은 대형 무궁화 도안으로 액면가만 다른 6종의 지폐를 발행하여 조선과 만주와 중국의 점령지에 주요 통화로 널리 유통시켰다. 이 대형 무궁화 도안 지폐들은 20세기 전반 일본 군국주의 군홧발에 유린당한 동북아 세계의 기축통화였다.

무궁화 이름의 두 딸의 아버지 박정희(1917~1979) 전 대통령이 무궁화 마니아가 된 까닭도 이러한 시공간적 배경과 무관하지 않으리라. 그의 청소년기 1930년대는 온 세상이 천양무궁 무궁화의 황금기였으며 1940년대 그가 만주와 화북 지방에서 일본군 장교로 항일독립군을 소탕하던 무대의 주요 통화는 대형 무궁화가 도안된 고액권 지폐였으니.

1945년 2월, 일제는 전세가 패망의 절망적 상태에 빠지자 온통 무궁화로 도배된 1,000원권의 발행을 획책했다. 한국과 대만, 만주와 사할린, 중국의 동부는 물론 필리핀, 싱가포르, 인도네시아, 말레이시아, 미얀마, 태국을 점령한 데 이어 파푸아뉴기니, 미크로네시아 등 남태평양까지 점령 지역을 확대했던 천황 영토의 무궁한 확장, 그 절정기의 쾌감을 회상하기 위함인가? 절망의 벼랑 끝에 치달은 일본인들은 지폐 상단의 보조 문양 오동마저 자신들의 속마음의 신화(神花), 무궁화로 바꿨다. 지폐 세 군데에 무궁화 문양으로 도배된 지폐를 찍어내었지만 지폐들은 정식 발행되지 못했다. 대다수 한국인에게는 '8·15 해방'이지만 일본인과 일부 한국인 종일 매국노들에겐 '8·15 패전', 즉 종말이 왔기 때문이다.

일본인들은 무궁화로 도배된 대량의 1,000원권 뭉치를 한국은행 지하 금고에 숨겨 두고 창졸간에 일본으로 도망쳐야 했다. 그런데 일본인이 숨겨두고 떠난 무궁화 도안 지폐 뭉치는 후일 '트로이의 목마'가 아닌 '트로이의 지폐'가 되어 큰 화근이 되었다.

아직도 일제강점기인가, 해방 공간 지폐 속 무궁화 문양

1945. 8. 15. 광복 후에도 미군정법령에 의하여 조선은행법은 존속하게 되었다. 이에 따라 조선은행권도 여전히 유통될 수 있었다. 해방 이후부터 1948년 정부 수립 전까지 발행된 조선은행권은 모두 8종이다. 그중 1945년 9월 1일 100원 권, 같은 해 10월에 1원 권이, 12월에 100원 권과 10원권이 각각 발행되었다. 그러나 해방 직후 발행된 은행권들은 일제강점기 지폐와 별다른 차이가 없었다. 다만 좌측의 대형 무궁화 도안이 축소되어 중앙의 액

면가 뒤 배경으로 후퇴되었다는 게 차이라면 차이일 뿐이다.

(왼쪽) 1946년 7월 발행 지폐 무궁화 문양. 해방 전과 다름없이 지폐 곳곳에 인쇄되어 있다.
(오른쪽) 1949년 9월 대한민국 정부 수립 후 최초 발행 지폐. 무궁화 주 문양 삭제.

한국전 당시 북한군 점령 지역에 유통시킨 1,000원권 지폐
세 개의 무궁화 문양으로 도배

　1946년 7월 이후에 발행한 100원권부터 도안에서 일본어 문구를 삭제하고 상단의 보조 문양 오동 꽃을 무궁화로 바꾸었다. 하지만 지폐 중앙의 무궁화 문양은 그대로 유지했다. 결국 주 문양과 보조 문양 모두 무궁화로 바꿨으니, 어쩌면 일제강점기 시절보다 더 일본다운, '천양무궁(천황영토의 무궁한 확장)한' 지폐가 발행된 셈이다.

　1949년 9월 대한민국 정부가 수립된 후, 최초의 지폐 10원권이 발행되었다. 지폐 앞면 오른쪽에는 독립문, 상단에는 무궁화가 도안되었다. 드디어 1932년 이후 16년간 지폐의 정중앙에서 일본 군국주의 천양무궁의 상징으로 웅크리고 있던 무궁화 도안이 퇴출되었다. 정부수립 최초의 지폐 중심에 무궁화 문양이 없어지다니, 의미심장한 사건이 아닐 수 없다.

최초의 한국은행권에 무궁화 문양이 전혀 없는 까닭은?

북한의 남침으로 우리 정부가 피난 중이던 1950년 7월 22일, 대구에서 최초의 한국은행권 1,000원이 발행되었다. 이 한국은행권의 첫아이 피난길 탄생 배경에는 그해 6월 28일 한국은행 본점을 점거한 북한군이 발견한, 일제 말기 미발행 잔존 무궁화 문양 1000원권 지폐를 불법 유통시키는데 대한 대응 차원이 깔려 있다. 그래서인지 최초의 한국은행권 1,000원권 중앙에는 당초 문양뿐 지폐 어느 귀퉁이에도 무궁화 문양을 볼 수 없다.

1950년 7월 22일 최초의 한국은행권 1,000원 지폐
무궁화 문양이 전혀 없다

결국 한국전쟁 당시 남한의 국군과 유엔군 점령지역엔 무궁화 도안을 전부 없앤 지폐가, 북한군 점령지역에는 무궁화 문양으로 도배된 지폐가 유통되었다. 유통된 지폐로 한국전쟁을 말하자면, 남한의 무궁화 문양이 없는 1천 원권과 북한의 무궁화로 도배된 1천 원권의 대치 국면, 웃지도 울지도 못할 참혹한 동족상잔의 비극이자 아이러니였다. 이래저래 일제 군국주의 천양무궁의 상징 꽃 무궁화(일본의 별칭: 욱일화)는 평화와 통일이 아니라 전쟁과 분열을 데리고 오는 불길한 꽃이다. 하루라도 빨리 이 '트로이의 왜화(倭花)'를 뽑아 버려야만 한반도에 평화와 통일이 다가올 것이다.

〈한국에서의 무궁화 대우 변화〉

도입기: 임진왜란(1592)~청일전쟁(1894) / 본격 도입기: 갑오경장(1894)~한일합방(1910)
/ 최전성기: 일제강점기(1910~1945) / 침체기: 1945.8-1961.5 / 전성기: 1961.5~현재

9. 무궁화는 일본의 신의 꽃(神花)
스모킹건 10선

봉선화 씨주머니를 톡 건드려 보았는가? 구한말 이전 온갖 한국 문헌에는 기적도 없던(극소수 있더라도 대부분 원전(原典) 미검증, 위변조, 견강부회 해석 의도적 오역), 무궁화가 신화시대부터 현대까지 모든 일본 문헌이 마치 잘 익은 봉선화 씨주머니처럼 톡 건드리기만 하면 우수수 무궁하게 쏟아진다.

아침에 햇빛을 받아 피었다가 저녁에 해와 함께 지지만 다시 태양처럼 이튿날 다시 피는 무궁화를 사랑하지 않을쏘냐?

이렇게 일본인들은 무궁화를 찬탄한다. "해가 비치는 광명은 알고 어둠의 존재는 모르는 꽃 무궁화는 일본 민족의 얼로서 피고 진다."

이렇게 현대 일본의 저명한 시인 아카바네 마사유키(赤羽正行, 1941년~)의 시집 『남랑화(男郎花)』에서 무궁화를 영탄했다. 또한 그는 "하얀 무궁화는 충의로운 사무라이가 머무는 곳(白木槿忠義の武士の館跡)"이라 하이쿠를 지어 바쳤다. 다시 그는 무궁화의 꽃잎이 하나하나 떨어지지 않고 송이째로 떨어지는 최후는 사무라이 정신의 극치라고 극찬했다.

야스쿠니 신사와 메이지 신궁에도 무궁화는 무궁 만발

일본의 천황을 배향하는 신사를 신궁이라 하고 그 외의 것을 신사라 한다.

초대 덴노인 진무덴노(神武天皇)를 모신 가시하라(橿原神宮) 신궁, 헤이안 시대를 연 간무덴노(桓武天皇)를 모신 교토의 헤이안(平安) 신궁, 메이지유신을 일으켜 일본 제국주의의 서막을 연 메이지 덴노 부부의 도쿄의 메이지(明治) 신궁 경내·외는 무궁화가 무궁하게 만발했다.

신궁 외에도 1급 전범을 배향하여 악명 높은 야스쿠니(靖国) 신사를 비롯하여 아타코(愛宕), 야사카(八坂), 이루기(居木), 슷세이나리(出世稲荷), 이사하야(諫早), 스쿠나하코나(少彦名), 치치부(秩父), 니시키노(梨木), 오오토요(大豊), 이쿠타(生田), 오노에(尾上), 히라노(平野), 무나카타(宗像) 신사 등 일본 약 8만 5천여 개의 신사 중 상당히 많은 수의 신사 경내·외에는 무궁화가 무궁하게 피고 진다.

〈 무궁화가 만발한 일본 유명 신사 20선 〉

1. 야스쿠니 신사 靖国神社	2. 메이지 신궁 明治神宮
3. 간가 텐신궁 樫花天神宮	4. 가시하라 신궁 橿原神宮
5. 헤이안 신궁 平安神宮	6. 슷세이나리 신사 出世稲荷神社
7. 야사카 신사 八坂神社	8. 이루기 신사 居木神社
9. 진메이 신사 神明神社	10. 스쿠히코나 신사 少彦名神社
11. 치치부 신사 秩父神社	12. 니시키노 신사 梨木神社
13. 오요토요 신사 大豊神社	14. 히라노 신사 平野神社
15. 오미야 신사 大宮神社	16. 히카와 신사. 氷川神社
17. 이쿠타 신사 生田神社	18. 이사하야 신사 諫早神社
19. 오노에 신사 尾上神社	20. 무나카타 신사 宗像神社

오요토요 신사   이쿠타 신사   야사카 신사

'무궁화 천신궁'을 아시나요?

시코쿠의 남서부 태평양에 면해있는 고치현의 남서부 시만토시의 남서부에는 '무궁화 천신궁'이라는 전문적으로 무궁화 천신을 모시는 신궁이 있다. 이름하여 근화 천신궁(槿花天神宮)[15]. 아마테라스나 일왕 및 일본 왕실과 관련된 인물을 모신 곳 중 선별해서 신궁이라 칭함이 원칙이다. 그런데 간혹 지역 신사가 자기를 높이고자 신궁이라 칭하기도 하지만, 신궁은 대개가 유서 깊거나 지역에서 중요하다고 인정된 곳이다. 무궁화 천신궁은 신사보다 격이 높은 신궁이다. 하늘나라에서 내려온 무궁화 미녀가 인근 호수에서 목욕하다 승냥이 떼의 공격을 받아 나신인 채로 그곳으로 피했다는 신화를 기반으로 설립된 무궁화 천신을 배향하는 신궁이다.

---

15) 무궁화 천신궁 (槿花天神宮) 주소: 高知県高岡郡四万十町弘見523番地

한국 나라꽃 무궁화는 일본 신토의 부적

한국의 나라꽃 '무궁화'는 일본 최대 종교이자 토착 신앙인 '신토(神道, 아베 총리를 비롯 신도 수 1억 800여만 명)' 제례 의식의 오마모리 꽃부적(花御札)이다.

일본 교토에는 665년 교쿠 천황(斉明天皇) 2년에 지은 '야사카(八坂)' 신사가 있다. 1월 1일부터 3일간 일본의 수호신(守護神)을 기리는 이 신사에는 100만 명의 참배객이 찾는다. 이 신사의 제수용 꽃이 일본 무궁화 3대 품종의 하나인 '시로기온마모리(白祇園守, しろぎおんのまも)', 이름 그대로 '하얀 토지신의 부적'이다[16].

야사카 신사의 곳곳에 하얀 부적처럼 피어 있는 이 시로기온마모리는 다도용 꽃, 화도용 꽃꽂이로, 가마쿠라 막부(鎌倉幕府 1192~1333)를 연 겐지(源氏) 사무라이 사이에서 널리 재배되어 왔다.

가정집 신단(카미다나)에도 무궁화

일본의 무궁화는 신궁과 신사의 부적(御守, 오마모리)일 뿐만 아니라 일반 가정의 꽃꽂이 겸 꽃 부적이다. 일본인은 아침에 피고 저녁에 시들지만 다음날 다시 피는 무궁화꽃을 태양과 일본과 천황을 상징하고, 잘 부러지지 않는 강인한 무궁화나무 꽃가지는 가족의 화목과 단합을 불러오는 신목으로 여기고 있다. 일본인의 가정에는 신단(神棚, 카미다나)이 설치되어 있고, 거기에는 통상 각 신사에서 배포하는 오후다(御札), 즉 부적이 봉안되어 있다. 상당수 일본인은 무궁화 문양의 부적을 몸에 지니거나 카미다나 신단에 안치한다

---

16) http://www.yasaka-jinja.or.jp/

든가 문 입구나 기둥 같은 곳에 붙여 놓기를 좋아한다[17].

　일본인들은 하쓰모우데(初詣)라 해서 정초에 신사를 참배하면서 새로운 한 해의 시작을 기념하는 것이 정해진 관례이다. 이세 신궁이나 메이지 신궁, 교토의 아사카 신사와 같은 저명한 신사에는 정월의 사흘 동안만 수백만 명이 참배하는 등, 매년 일본 국민의 70% 이상이 하쓰모우데에 참여한다. 이때 한해의 운수를 점치는 제비를 뽑는데 무궁화가 나오면 대길이다[18].

일본인의 '인생의례'의 동반자 무궁화 - 무궁화 웨딩드레스

　일본인은 장례식은 불교식으로, 성인식과 결혼식은 신토식으로 거행 하는 경우가 많다. 태어난 지 33일 된 아기를 안고 신사를 참배하는 '오미야마이리(御宮參)', 아이가 3세(남녀 공통), 5세(남아), 7세(여아)가 되는 해의 11월 15일에 신사를 참배하는 '시치고산(七五三)', 남자 25세와 42세 때, 여자 19세와 33세에 액땜을 위해 신사를 참배할 때는 남성은 무궁화 무늬 하오리와 훈도시, 무궁화 게다를 신고, 여자는 무궁화 무늬 기모노와 헤코오비, 내의를 입고 참배하는 풍습이 아직 널리 행해지고 있다. 무궁화는 성인식이나 '신전(神前) 결혼식' 등 일본인의 인생의례(人生儀禮)에 부적으로 의복과 신발로 살아 움직인다[19].

▶ 전통 결혼식과 성인식 등
일본인의 인생 의례에 착용하는
무궁화 문양 의상

---

17) 세쓰분(節分)이라 불리는 입춘 전날에도 일본인들은 액풀이를 위해 신사를 참배하는데, 이때 쓰이는 인기 있는 오마모리(부적) 중의 하나는 무궁화 부적이다.
　　https://www.gion.or.jp/tenkei/#!/%E5%9C%B0%E8%94%B5%E7%9B%86/
18) 井上順孝, 『神道』, ナツメ社 2006, 45쪽
19) https://kyotofukoh.jp/report1279.html

(왼쪽) 교토 사이린사(西林寺)의 무궁화 지장전(木槿地藏殿)
(오른쪽) 사이린사의 무궁화 나한상

일본 불교의 무궁화 신앙, '무궁화 지장보살'

(왼쪽) 교토 사이린사(西林寺)의 무궁화 지장전(木槿地藏殿)
(오른쪽) 무궁화로 유명한 도쿄 근교의 하세데라사(長谷寺)

　일본에서 불교는 신토(神道) 다음으로 신자수가 많은 종교다(신도수 약 5,750
만 명). 신토뿐만 아니라 불교에서도 무궁화 사랑은 각별하다. 또한 나라(奈
良, 710~794) 시대에 이미 무궁화가 일본 각지에 만발하고 있음을 여실히 보
여주는 증거가 있다. 교토 시내에 위치한 일본 천태종 사찰 사이린사(西林寺)
의 무궁화 지장(木槿地藏)이 바로 그것이다. 781년 사이린사 주지에 임명된
케이슌(慶俊)은 어느 날 아침, 사찰 경내의 무궁화꽃 숲에서 갑자기 지장보
살을 감득했다. 케이슌 주지는 승려들에게 무궁화 숲 한편의 소나무 밑동에
서 서광이 서린 바윗돌을 캐내게 했다. 그 바윗돌에다 지장보살상을 새겨 무

궁화지장존으로 모셨다.

　사이린사는 무궁화 지장 본존 외에도 48존의 무궁화 나한을 모셔놓고 있다. 이 무궁화 지장 본존과 나한은 교토의 1,500여 개 사찰에 모셔진 수많은 지장보살 중에서 가장 유명하다. 사이린사의 무궁화 지장 열성 신도들은 '무궁화회'를 결성하여 1월과 11월을 제외한 매월 23일 무궁화 지장보살에 특별한 제례를 올리고 있다[20]. 사이린사 외에도 무궁화로 유명한 불교 사찰로는 도쿄 근교의 하세데라사(長谷寺), 교토의 히가시온간사(東本願寺), 니시혼간사(西本願寺), 큐호사(久法寺), 붓코사(仏光寺) 등과 가마쿠라(鎌倉)의 도우케이사(東慶寺), 주이센사(瑞泉寺) 등을 들고 있다[21].

일본 양대 무궁화 품종의 이름도 꽃무늬도 일장기와 욱일기

　누가 "일본 무궁화 양대 품종 히노마루(日の丸) 무궁화와 소우탄(宗旦) 무궁화가 먼저일까? 일본의 국기 일장기와 군기 욱일기가 먼저일까?"라고 묻는다면 이는 무궁화에 대한 실례라고 생각된다. 무궁화를 군기로 형상화한 '욱일기'를 최초 제작한 자는 아베신조의 동향 선배 총리이자 일본 군국주의 아버지라고 불리는 야마가타 아리토모(山縣有朋, 1838~1921)이다. 야마가타는 고향의 아사히촌에 만발한 소우탄 무궁화를 본 딴 16줄 욱일기를 제작하여 1874년 1월 일본제국 통합 육군기로 공식 사용하게 하였다. 일본의 국기 '히노마루(日の丸)'와 같은 이름을 사용하는 일본의 동식물은 히노마루 무궁화 외에는 없다.

---

20) https://www.kyotonikanpai.com/spot/01_03_kyoto_gosho/mukuge_jizo_ sairinji. shtml
21) [무궁화 보살을 모시는 일본 유명 사찰 8선] 사이린사(西林寺), 하세데라사(長谷寺), 히가시온간사(東本願寺), 니시혼간사(西本願寺), 큐호사(久法寺), 붓꼬사(仏光寺), 도우케이사(東慶寺), 주이센사(瑞泉寺)

일본 토종 무궁화 품종명은 모두 신토 제례 용어

육일기는 **무궁화를 평면에 펼쳐 국기로 형상화**한 것

일장기와 욱일기의 원형 히노마루와 소우탄 외에도 일본 토종 무궁화 품종명에는 '제례용 부적(園守, 오마모리) 제례용 꽃 삿갓(花笠, 하나가사), 제례용 잔(盃, 시하이) 등 일본 민족 종교 신토(神道) 관련 용어가 붙어 있다. 무궁화 이외에 신토 관련 품종명이 붙는 다른 동식물은 찾기 어렵다[22].

〈일본 재래종 무궁화 13대 품종〉

히노마루(日の丸) - 일장기 / 소우탄(宗旦) - 욱일기 / 시로기온마모리(白祇園守) - 흰 토지신 부적 / 아카기온마모리(赤祇園守) - 뻘간 토지신 부적 / 다이센기온마모리(大山祇園守) - 대산 토지신 부적 / 시로하나가사(白花笠) - 하얀 꽃삿갓 / 다이도쿠지하나가사(大德寺花笠) - 대덕사 꽃삿갓 / 아카하나가사(赤花笠) - 빨간 꽃삿갓 / 수미노쿠라하나가사(角倉花笠) - 각창 꽃삿갓 / 돗도리하나가사(鳥取花笠) - 조취 꽃삿갓 / 히카리하나가사(光花笠) - 빛나는 꽃삿갓 / 시하이(紫盃) - 보라빛 제수용 잔 / 다이시하이(大紫盃) - 큰 보라빛 제례 잔

무궁화가 정말 반만년 한민족 고유의 나라꽃이라면 불교 사찰이나 전통 종교, 대종교, 천도교, 증산도… 아니, 하다못해 서낭당 굿당 등 무속 신앙에라도 쓰이고 있어야, 아니 쓰였던 흔적이 단 한 점이라도 있어야 하는 게 아닌가?

---

22) izumooyashiro.or.jp

일본 주요 재래종 무궁화 품종(8세기~현재)

히노마루(日の丸)

소우탄(宗旦)

시로기온마모리

아카기온마모리

다이센기온마모리

시로하나가사

아카하나가사

다이도쿠지하나가사

수미노무라하나가사

히카리하나가사

돗도리하나가사사

시하이

다이시하이

무궁화 원료로 만든 고급 종이, 어망, 게다 끈, 바구니, 무좀약 등

일본인이 예로부터 무궁화를 사랑하고 존중한 이유는 무궁화가 일본인 고유 신잉, 신사의 신의 꽃이라는 저 높은 곳의 사유의 형이상학 세계에 있는 것만이 아니다. 오히려 이 낮은 곳의 생활 밀착형 유물론적 형이하학 세계에 훨씬 많이 근거한다.

일본인이 예로부터 무궁화를 중시한 현실적 경제적 이유는 무궁화나무 껍질로, 닥나무보다 강하고 아름다운 최고급 종이와 노동과 생활에 없어서는 안 될 필수품인 어망과 바구니, 게다의 하나오(下駄の鼻緒)라는 불리는 끈과 각종 짚신 등을 만들었기 때문이다[23].

어디 그뿐인가? 에도 시대 일본인은 무궁화 껍질에서 추출한 성분으로 무좀약까지 개발해 내었다[24]. 알다시피 강우량이 우리나라보다 두 배가량 많아 습한 기후의 일본 땅에서 무좀은 일본인 4~5명 중에서 1명이 갖고 있는 흔한 병이다. 이 병은 좀처럼 완치되지 않고 매년 장마철이 되면 재발한다. 이런 일본 국민 고질병 무좀의 특효약을 무궁화 껍질에서 추출한 성분으로 만든다니, 고마운 무궁화를 일본인이 어찌 사랑하지 않겠는가!

이처럼 무궁화는 오래전부터 일본인의 발가락과 게다 끈의 발끝부터 어망과 바구니와 종이의 배와 팔다리까지, 다도와 꽃꽂이의 가슴부터 신사의 신화 머리끝까지, 일본의 일체를 지배하여 왔다. 요컨대 에도 시대 일본의 무궁화는 초기에는 다실에서 꽃꽂이로, 초·중기에는 꽃꽂이에서 정원으로, 중·후기에는 정원에서 들판으로 무궁 영토를 무궁 확장해 나갔다.

1603년 도쿄에 막부를 설치하여 에도 시대를 개막한 도쿠가와 이에야스는 도요토미 히데요시의 섣부른 팽창에서 착실한 수렴의 시대로 대전환, 내공을 쌓기 시작했다. 무궁화나무를 상층부의 정원에 심어놓고 히노마루와 소우탄 무궁화 꽃심의 붉은 원, 일장(日章)과 일장 주위에 뿜어 나오는 붉은

---

23) asahi-net.or.jp/~tu3s-uehr/ao-sagi.htm
24) http://www.chibakanpo.com/shop/item_detail?category_id=0&item_ id=260923

빛기둥 욱광(旭光)을 감상하는 것으로 대리만족하면서 반도와 대륙으로의 팽창의 꿈을 내밀히 키워나갔다.

한편으로 아래 신민(臣民)들에게는 종이와 그물, 광주리와 게다 끈과 무좀약 등 생필품을 만드는 데 없어서는 안 될 무궁화나무를 밭과 개간지에 심도록 장려하는 등 민생을 살찌우게 하며 은밀히 실력을 키워나갔다. 1867년에도 시대 마지막 쇼군 도쿠가와 요시노부에 의한 대정봉환(大政奉還)까지 15대 265년간.

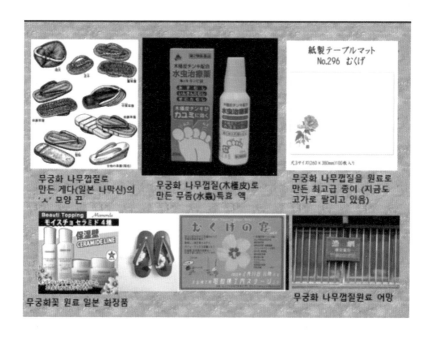

무궁화 나무껍질로 만든 게다(일본 나막신)의 'ㅅ' 모양 끈

무궁화 나무껍질(木槿皮)로 만든 무좀(水蟲)특효 액

무궁화 나무껍질을 원료로 만든 최고급 종이 (지금도 고가로 팔리고 있음)

무궁화꽃 원료 일본 화장품

무궁화 나무껍질원료 어망

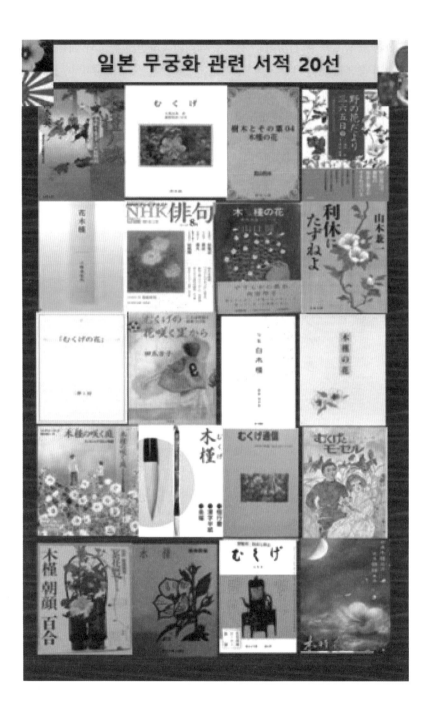

일본 무궁화 관련 서적 20선

10. 일본인이 무궁화를 사랑하는 까닭 15선

1. 일본의 옛 국호는 부상(扶桑), 부상은 무궁화나무, 즉 무궁화는 일본 그 자체
2. 일본인의 조상신 천조어대신(아마테라스)의 화신, 신의 매개체, 나뭇가지에서 피는 꽃
3. 무궁화(ムクゲ)의 뜻은 팽창, 천양무궁(천황 영토의 무궁한 팽창)의 상징화
4. 일장기의 원형은 히노마루(日の丸) 품종 무궁화, 욱일기의 원형은 소우탄(宗旦) 품종 무궁화
5. 무궁화 꽃잎 갈래의 수가 일본인이 좋아하는 수 '5'
6. 무궁화 꽃잎 색깔이 일본인이 좋아하는 홍백(紅白) 배색
7. 홋카이도에서 오키나와까지 일본 전역에 자생하는 일본인의 일상에서 친밀한 꽃나무
8. 강인한 나뭇가지는 가족의 화목과 단합을 부르는 행운의 상징으로, 부적에 많이 쓰임
9. 닥나무보다 강인한 나무껍질은 게다 끈, 고급 종이, 어망, 바구니, 무좀약 등 생필품 원료
10. 일본 무궁화는 한국과 달리 진딧물 등 병충해가 없고 깨끗하여 차와 음식으로도 활용
11. 한꺼번에 피고 지는 벚꽃(피지배층)보다 순차적으로 오래 피고 지는 무궁화는 지배층의 상징
12. 일기일회(一期一會, 일생에 한 번뿐), 일본 다도와 사무라이 정신과 일본의 얼을 대표
13. 곤추선 수술 모양은 강인한 남성을 상징, 훈도시 기모노 속옷 성인용품 무늬로 애용
14. 한국이 자국의 국화로 받들고 있는 상황을 내심 조롱, 경멸, 혐한의식 고취
15. 무궁화는 꽃나무로 변장한 일본 국기와 군기, 팽창주의, 군국주의, 재무장, 일본의 꿈

일본 다테마에(외양)와 혼네(본심)의 나라꽃과 나라새

	나라 꽃 (國花)		나라 새 (國鳥)	한국 관련
국화 다테 마에 建前	菊花 (왕실)		꿩 (국민 : 피지배층)	한국으로 부터 전래
	오동 (정부)			
	벚꽃(국민:피지배층 사병, 가미카제)			
혼네 本音 칼	무궁화 (일본회의 정치종교 군부 핵심 지배층 장교 엘리트)		학 (지배층)	한국에 실물, 관념 이식 구한말 이전 한국시공에 극히 희박

야마구치 북부 출신 역대 극우 팽창주의
총리들의 ◑天壤無窮 무궁화

2.가쓰라 다로 4.다나카 기이치

하기시 萩市

무궁화 군락 천연기념물

나가토시 長門市

5.아베 신조

나가토國 長門國

1.야마가타 아리토모

야마구치시

3.테라우치 마사다케

*천양무궁天壤無窮: 천황영토의 무궁한 확장 *인명 앞 번호는 집권 시대순

11. 무궁화가 한국 꽃이 아님을
단박에 알 수 있는 7대 스모킹건

무궁화가 우리나라 꽃이 아니라는 걸 단박에 알 수 있는 방법 일곱 가지만 들면 이렇다.

첫째, 우리나라에 야생 무궁화나무가 단 1주도 없다.

둘째, 진달래꽃, 개나리꽃 등 우리나라에 자생하는 모든 꽃 이름은 순수 우리말이 있다. 그런데 유독 무궁화만 우리말 이름이 없다.

셋째, 구한말 이전 우리나라의 동식물 중 사물이 한자로 표기된 거라면 반드시 중국의 고문헌에 그 한자가 있다. 그런데 '無窮花' 글자 자체를 중국의 고문헌에서는 전혀 볼 수 없다.

넷째, 진달래꽃, 개나리꽃, 목련꽃, 매화, 배꽃, 복숭아꽃, 살구꽃, 자두꽃, 앵두꽃, 밤꽃, 찔레꽃, 아카시아꽃 등 나무에서 피는 모든 꽃 이름은 그 나무의 꽃 이름이다. 그런데 '무궁화'는 '무궁'이라는 나무에서 피는 꽃 이름인가?

다섯째, '무쿠게(むくげ, ムクゲ)'를 구글 번역기에 넣고 영·불·중·러·스페인·

아랍어 등 6대 유엔 공용어 포함 베트남어, 터키어, 힌디어, 심지어 에스페란토어까지 세계 30여 개 언어로 번역해 보니 '팽창' 또는 '부종'으로 번역된다. 그런데 한국어만 뜬금없이 '무궁화'로 번역된다.

여섯째, 구글에 'hibiscus origin'을, 영문 위키피디아에서 'floral emblem'을 입력하고 검색해 보라. 구글에서 한국의 무궁화는 원산지 명단은 커녕 재배지 명단에서도 없다[25]. 영문 위키피디아에서 한국 국화로서의 무궁화는 세계 비공식 나라꽃 명단에도 없다[26].

일곱째, 국화 무궁화 연구로 박사 학위를 받은 한국인이 한 명도 없다.

한국의 국가 상징 독점 지배 사물 <무궁화> 관련 원예·조경학 논문 다수들의 원천과 원류, 일본의 인물 1과 그의 박사 학위 논문, 학술서적

다치바나 요시시게 1975년 1월 23일에 무궁화 종간 교잡연구, 교토대학 박사 학위[27]

▶ 다치바나 요시시게의 저서(왼쪽)
박사 학위 논문(오른쪽)

---

25) 무궁화(Hibiscus rosa-sinensis)의 정확한 기원은 알려져 있지 않지만, 중국, 일본 및 태평양 섬에서 오랫동안 재배되어 왔다["The exact origin of Hibiscus rosa-sinensis is unknown, although it has been cultivated in China, Japan and the Pacific islands for a long time." Chin, H. F. (1986). Introduction. In The hibiscus: Queen of tropical flowers. Kuala Lumpur: Tropical Press, 2~3쪽].

26) https://en.wikipedia.org/wiki/Floral_emblem
Unofficial plants: Armenia Azerbaijan China Ecuador Egypt Guinea Japan Netherlands France Vietnam

27) http://www.phytoculture.co.jp/tachibana-profile.html

한국 품종명 (계열,발표년도)			일본 품종명 (출현시기)	특징	일치도
신태양	백단심	1972	히노마루 (8C)	일장기 원형,일본最高最古품종	완전복제
일편단심	백단심	1983	고바타 (小旗 12C)	일장기 원형, 작은 일장기	완전복제
한보람	백단심	1972	미미하라하나가사(18C)	욱일기 원형, 신사 제례용	완전복제
옥토끼	배달	1972	다마우사기(玉兎),미상	품종명도 복제,후쿠오카 자생	완전복제
눈보라	배달	1972	시노미다레(메이지)	신사 제례용 꽃부적	완전복제
새한	배달	1983	고미다래 (15C)	와카야마현 야생, 신사 꽃부적	완전복제
산처녀	적단심	1972	히카리하나가사(1930)	마쓰리 축제용 꽃부적	완전복제
무지개	자단심	1995	시치사이(七彩 17C)	품종명도 복제	완전복제
파랑새	청단심	1972	나쓰조라 (1910)	청단심계 원형, 블루버드 개발품	완전복제
자옥	청단심	1972	시쿄구(紫玉 1930)	품종명도 복제	완전복제
배달	배달	1972	나가토(長文 토착종)	아베 고향 재래종 배달계 모델	구별불가
한서	배달	1972	사쓰마시로 (미상)	남국풍 호 명명, 가고시마 자생	구별불가
한빛	백단심	1983	소탄(宗丹15C)	욱일기 원형, 일본 양대 무궁화 품종	구별불가
한마음	백단심	1972	모모조노(메이지)	일장기 원형, 일본 백목근 인기품종	구별불가
단심	백단심	1983	시노쇼렌(白小輪 메이지)	욱일기 원형, 작은 욱일기	구별불가
사임당	배달	1972	시로기온마모리(12C),	신사의 부적, 일본3대 무궁화품종	구별불가
춘향	적단심	1972	하기(萩)2, 자생종	아베 고향 재래종, 적단심계 모델	구별불가
향단	자단심	1972	기지바토 18C	신사의 제례용, 마쓰리	구별불가
계월향	자단심	1983	헤이케야마,10C(천연기념물)	아베 고향 재래종, 자단심계 모델	구별불가
아사달	아사달	1983	히로즈지이리(쇼와)	아사달계 모델, 최고가	구별불가

• 1.완전복제 10종:산림청 '한국무궁화연구회'확인 (1990년) *2. 상기 외 대다수 한국 무궁화 품종: 일본 무궁화 품종 도입 복제 3. 일본 대다수 무궁화 품종: 일본 재래종, 한국 두궁화 도입 전혀 없음.

대한민국은 대한민국임시정부의 국호와 국체만 상속 받았을 뿐 4천리 국토 상속은 포기했다.

국호	국체	국토 범위	국토 내역
대한제국	군주국	4천리 (한반도+만주)	고구려+말갈+백제 +신라를 합한 영토
대한민국 임시정부	공화국	4천리 (한반도+만주)	대한의 고유한 영토 대한제국 영토상속 강력한 의지(임시헌법3조)
대한민국	공화국	3천리(한반도, 사실상 무궁화 자 생가능지인 남한 지역 뿐)	'무궁화 3천리' 애국가 후렴을 성문화한 헌법 제3조로 대한제국과 대한민국임시정부의 국토 상속 포기

12. 무궁화 키노트 30선

1. 무궁화는 천박한 자질에다 처지고 활기도 없어 빈 골짜기에 버려지리

                – 정약용, 『여유당전서』

2. 진딧물도 많아 어린아이가 무궁화를 가지고 노는 걸 금지해야 한다. 병과 학질에 걸리게 된다. 고로 무궁화를 학질 꽃이라 한다.

               - 이규경, 『오주연문장전산고』

3. 무궁화를 내세우는 것도 근래에 된 일이요. 그나마 정치 기분으로 된 것이다.

                - 함석헌, 『씨알의 소리』

4. 무궁화(Hibiscus syriacus)는 원래 중국 고유종이었다. 8세기에 일본으로 전래되어 원예용으로 재배되었다. 기록에 따르면 15~16세기경 한반도에 전해졌다.

                  - 영문 위키피디아

5. 무궁화(木槿)는 옛날에 도입되어, 헤이안 시대 초기에 널리 심겨 있었다고 고찰된다. 따뜻한 지역에서 야생화되었다. 무궁화의 모습이 일기일회의 다도의 정신에도 합치한다고 되어, 현대 일본에서 가장 대표적인 여름의 차 꽃

이 되고 있다[28].

6. 윤치호가 애국가의 후렴인 "무궁화 삼천 리 화려강산"이라는 구절을 작사할 때 비로소 근화, 즉 무궁화를 '無窮花'라고 쓰기 시작했다.

- 『동아일보』, 1925.10.21.

7. 윤치호는 1893년 11월, 상하이에 잠복해 있던 그를 찾아온 남궁억과 의논해 무궁화를 나라꽃으로 정했으며 애국가 후렴에 "무궁화 삼천 리 화려강산"이란 가사를 넣었다.

- 일본 위키피디아

8. 한국의 무궁화는 세계 각국 공식 국화는커녕 비공식 국화 명단에도 없다.

- 영문 위키피디아, Floral_emblem

9. 무궁화는 국화로서 적당하지 않을 뿐만 아니라, 무궁화가 국화로 지정된 일도 없고 공식적으로 인정받은 일이 없는 꽃이다.

- 이민재 서울대학교 교수(한국식물학회 회장).

10. 원산지가 아열대 지방이라는 무궁화는 우선 국산이라야 될 첫 조건에서 실격이다. 꽃이 질 때 추할뿐더러 그 빛깔도 흐리멍덩하고 그나마도 황해도 이북 지방에서는 자연생을 구경할 수 없다고 하니 이래저래 국화로서는 낙제다.

- 윤석중 새싹회 회장

11. 무궁화는 벌레가 잘 끼고 지저분하고 우리나라 고유의 꽃이 아니다.

- 박만규 가톨릭 의대 교수(식물학자)

---

28) 日本へは古く渡来し、平安時代初期にはすでに植えられていたと考えられる[2]。暖地では野生化している.日本では花材としても使い、夏の御茶事の生け花として飾られたりする。、花のはかなさが一期一会の茶道の精神にも合致するとされ、現代ではもっとも代表的な夏の茶花となっている 平野隆久監修 永岡書店編 『樹木ガイドブック』永岡書店、1997-5-10、79쪽

12. 무궁화는 나라꽃으로 자격이 없다. 우리나라에 제일 많고 화려한 진달래로 바꾸자.

　　　　　　　　　　　　　　　　　　　　– 이병도 국사편찬위원장

13. 무궁화를 사랑해 집에 심는 사람이 없다. 우리 땅 어디에나 심어도 잘 자라고 국민이 모두 좋아해 꽃이 만개했을 때 국민적 축제를 벌일 수 있는 꽃으로 대체해야만 한다.

　　　　　　　　　　　　　　　　　　　　　　– 김화남 국회의원

14. 일제강점기(1932~1945) 조선은행 발행 모든 지폐(10종) 앞면에는 무궁화 문양이 있다.

　　　　　　　　　　　　　　　　　　　　- 한국은행 화폐박물관

15. 남궁억에 대한 검사의 기소 내용은 남궁억의 단군과 3·1운동을 기록한 저술과 발언의 불온함 뿐. 무궁화 관련 내용은 없음.

　　　　　　　　　　　　　　　　- 『조선중앙일보』, 1935.1.19.

16. 조선총독부 기관지인 『매일신보』가 이상협의 『무궁화』 등 번안 소설을 소개하여 호평을 얻었다.

　　　　　　　　　　　　　　　　　　- 『개벽』, 1923년 7월호

17. 『동아일보』 창간호(1920년 4월 1일)의 창간사에서 조선을 무궁화동산이라고 하고 제호 도안도 둘레를 무궁화 띠로 했다. 1930년 1월 1일~1938년 2월 9일까지 제호를 한국 지도와 무궁화 도안으로 채웠다.

　　　　　　　　　　　　　- 한국콘텐츠진흥원, 『문화콘텐츠닷컴』

18. 무궁화는 충의한 사무라이가 머무는 꽃, 해가 비치는 광명은 알고 어둠의 존재는 모르는 꽃, 무궁화는 일본 민족의 얼로서 피고 진다.

　　　　　　　　　　　　　　　　　　　　- 아카바네 마사유키

19. 무궁화나무는 부상나무다. 히노마루 품종의 무궁화는 일본의 국기 히노마

루의 원형이다.

- 宗田安正, 『季語　早引き辞典　植物編』, 2003.

20. 무쿠게(むくげ, ムクゲ)와 無窮花는 팽창이라는 의미로 천황 영토의 무궁한 팽창 천양무궁(天壤無窮)에서 나왔다.

- 일본 신사 본청 진메이(神明) 신사부

21. '무궁화=일장기'(木槿=日の丸) 사진 34,500장, 동영상 203편, 문건 212,000건 / ·'무궁화=욱일화(木槿=旭日花) 사진 182,000장, 동영상 5350편, 문건 338,000건

- 야후재팬 2023년 2월 20일 검색

22. 한국 무궁화 국내 종 115종, 대다수 일본 무궁화 품종을 도입 또는 복제한 것이거나, 외래종(주로 일본종)을 복제한 국내종과 외래종을 재교배한 것.

- 산림청 농촌진흥청 등 자랑하듯 자인

23. 한국 무궁화 외래종 104종, 일본 품종 62종(일본을 통해 들어온 국적 미상 외래종 19종 포함) 과도한 비중을 차지. 반면에 일본 무궁화 품종 중 한국 무궁화 도입 또는 교배 품종은 전혀 없음.

24. 무쿠게(むくげ)'의 뜻: 세계 대다수 언어(영·불·중·러·스페인어·아랍어 등 6대 유엔 공용어 포함)는 '팽창' 또는 '부종'으로 번역, 한국만 일제와 종일 매국노에 의해 '무궁화'로 오역.

25. 조선은행 발행(1932~1945년) 모든 지폐에 무궁화 도안, 일제 판도가 팽창할수록 지폐 속 무궁화 도안도 팽창. 일제식민지와 점령지의 유통 화폐 4할 이상 무궁화 도안 조선은행권 점유.

26. 『삼국사기』, 『삼국유사』, 『제왕운기』, 『고려사』, 『고려사절요』, 『조선왕조실록』, 『동국통감』, 『승정원일기』 등 한국 8대 대표 사서 약 2억 9천만 자 중 '무궁화(無窮花)'는 나오지 않고, 단 한 글자 '근(槿)'으로 등장해 단명과 불행을 상징함. 다른 꽃들은 무수히 출현.

27. 한반도에 무궁화 야생 개체가 전혀 없음. 무궁화의 재배 가능지역도 휴전선 이남. 반면에 일본 무궁화는 8세기 이전 일본에 토착화, 홋카이도에서 오키나와까지 일본 열도 천지사방에 널려 있음.

28. 박정희, 박근혜 부녀의 일본 신화 무궁화에 대한 광적 집착. 관변 언·관·학계 동원하여 무궁화를 한민족 고유의 국화로 세뇌 주입, 위에서 아래로의 일방적 무궁화 보급 운동 수십 년째 몰입.

29. 구한말 이전 모든 문학과 음악 - 향가, 고려가요, 경기체가, 시조, 가사, 소설, 민요, 판소리, 전설, 민담 등에 '무궁화' 전혀 없음. 극소수 한시와 설화는 중국과 일본의 것을 차운(次韻), 표절한 것.

30. 구한말 이전 미술 건축 공예 의상, 도자기, 칠기, 목기, 석조, 부채, 병풍, 생활용품, 와당, 벽화, 문양 등 문화재와 유물에 '무궁화'가 전혀 없음. 근현대 작품에도 무궁화가 매우 희소함.

13. 나는 진달래의 목을 껴안고 실컷 울고 싶다

어느 경솔한 자가 진달래를 놔두고 궁벽한 무궁화를 조선의 꽃이라고 불렀는가?

- 『조선일보』, 1935년 4월 21일(6면)

일제강점기 조선총독부는 한국인에게 무척 생경한 '갑툭튀' 꽃 무궁화를 나라꽃으로 가스라이팅(세뇌) 주입하기 위해 『조선일보』, 『동아일보』에 대형 화보 22회 포함 1,047회나 기사화하는 등 갖은 애를 썼다. 그래도 그때 그 시절 이 땅의 지성은 무궁화가 아니라 진달래가 나라꽃이라는 문장을 다수 발표했다. 그중에 다섯 개만 소개하면 다음과 같다.

1.
내가 프랑스에서 유학하던 중에 제일 그리웠던 것은 조선의 진달래(杜鵑花)이였다. 꽃 중에 진달래 같은 것은 프랑스에는 별로 없을 뿐 아니라 혹 있다 하여도 조선의 것처럼 아담스럽고 찬란하고 번성하지가 못하다. 봄날에 산 구경을 가던지 들 구경을 가면 가는 곳마다 조선의 진달래꽃이 퍽 보고 싶고 또 화전놀이하는 생각도 간절하여섰다.

- 이창섭, 『별건곤』, 제12호, 1928년 5월호 149~150쪽

2.
조선의 명화(名花)인 진달래
무궁화를 조선의 名花라 하지만은 사실로는 진달래(杜鵑花)가 조선의 대표명

화와 가튼 감이 잇다. 진달래는 색태가 미려하고 향취가 조흘뿐 안이라 전조선 어느 곳이던지 업는 곳이 업서서 여러 사람이 가장 넓히 알고 가장 애착심을 가지게 되는 까닭에 조선에 잇서서 꼿이라 하면 누구나 먼저 진달래를 생각하게 된다. 조선의 봄에 만일 진달래가 업다면 달업는 흑야나 태양 없는 극지보다도 더 쓸쓸하고 적막하야 그야말로 춘래불사춘을 늣기게 될 것이다. 조선 사람으로 외국에 가서 봄을 만날 때에는 먼저 진달래가 보고 십고 또 진달래를 본다면 몸은 비록 외국에 잇서도 맛치 고국에 도라온 것과 가티 반가운 생각이 난다. 그것은 다만 추상적말이 아니라 누구나 실지로 체험하야 보는 일이다.

- 청오생(靑吾生), 『별건곤』, 제20호 1929년 4월호 146쪽,

「요새에 피는 八道의 꼿 이야기」

3.

『조선일보』 1935년 4월 9일(6면)

두견화(진달래)를 참꽃이라고 하고 진달래나무는 그냥 꽃나무라고 한다. 사실로 조선서는 야생하는 꽃나무로 진달래보다 널리 있고 더 많이 나는 나무는 없을 것이다. 조선에 근화(槿花, 무궁화)가 흔하다고 해서 조선을 근역(槿域, 무궁화 지역)이라고까지 하지만 과연 두견화(진달래)를 압도하도록 했을지는 의문이다. 지금 언어의 남은 흔적으로만 본다면 조선 사람이 꽃의 대표로 알던 것은 두견화요, 결코 근화(무궁화)가 아닌가 한다.

- 『조선일보』, 1935년 4월 9일, 「화하만필」

4.

일찍이 어느 경솔자한 자가 진달래를 놔두고 궁벽한 무궁화를 조선의 꽃이라고 불렀는가? 오늘에도 홀로 진달래는 심어주는 이도 길러주는 이도 없이 봄마다 삼천 리 강산을 곱게 단장해주기 위하여 옛 땅을 찾아보기를 잊지 않는다.

- 『조선일보』, 1935년 4월 21일(6면)

5.

우리 땅에서, 봄에 그 중 먼저 피는 꽃이 진달래꽃이다. 무궁화(無窮花)를 조선 국화(國花)로 여겨왔지만, 남쪽 일부분에 그치고 북부나 서부 조선에서는 매우 보기 드문 것으로 보아서, 전 조선 도처에 없는 데가 없고, 또 제일 먼저 피고 번식이 잘되는 여러 가지 장점을 가진 진달래야말로, 우리 민족의 상징화(象徵花)로 삼고 싶다. 그윽한 골짜기, 깊은 솔밭 속에 우련히 비치는 봄의 신호, 우리의 넋을 천길만길 되는 절벽 위에로 끌어 올리려는가 싶다.

오숙근[29], 「봄의 자연미와 여성미」, 『조선일보』1936년 5월 2일(5면)

---

29) 오숙근(吳淑根, 1887년~1958년)은 대한제국 독립운동가로 김좌진의 부인이다. 본관은 해주(海州). 1904년에 김좌진과 혼인하였다. 이후 남편 김좌진을 뒷바라지하였다. 자녀는 없었고 만주에서 시어머니 한산 이씨와 김좌진과 함께 거주하고 있다가 좋지 않은 시국상황으로 시어머니와 함께 조선으로 돌아왔지만, 정착할 곳이 없는 상황에서 언론 기자들의 도움으로 서울 종로구 삼청동에서 거주하였다. 1930년 1월 24일 남편 김좌진이 암살되자 1933년에 조국에 안장되어야 한다는 신념으로 홀로 다시 만주에 가서 상자에 김좌진의 유해를 수습하고 남의 이목을 피하고자 충청남도 홍성군 서부면 이호리에 밀장 후 1958년에 사망했다. 묘는 남편 김좌진과 함께 합장되었다.

14. 진달래꽃은 봄의 선구자외다

우리 한민족이 나라를 잃었을 때 가슴 속 깊이 심은 꽃은 무궁화가 아니라 진달래였다. 아래 두 진달래 시를 읽으며 저절로 눈물이 난다.

너무도 슬픈 사실 - 봄의 선구자 '진달래'를 노래함

박팔양(朴八陽)

날더러 진달래꽃을 노래하라 하십니까
이 가난한 시인더러 그 적막하고도 가냘픈 꽃을
이른 봄 산골짜기에 소문도 없이 피었다가
하루아침 비바람에 속절없이 떨어지는 꽃을
무슨 말로 노래하라 하십니까
노래하기엔 너무도 슬픈 사실이외다
백일홍처럼 붉게붉게 피지도 못하는 꽃을
국화처럼 오래오래 피지도 못하는 꽃을
노래하느니 차라리 붙들고 울 것이외다
친구도 이미 그 꽃을 보셨으리다
화려한 꽃들이 하나도 피기 전에

찬바람 오고가는 산허리에 쓸쓸하게 피어있는
봄의 선구자 연분홍진달래꽃을 보셨으리다
진달래꽃은 봄의 선구자외다
그는 봄의 소식을 먼저 전하는 예언자이며
봄의 모양을 먼저 그리는 선구자외다
비바람에 속절없이 지는 그 엷은 꽃잎은
선구자의 불행한 수난이외다
어찌하야 이 나라에 태어난 이 가난한 시인이
이같이도 그 꽃을 붙들고 우는지 아십니까
그것은 우리의 선구자들 수난의 모양이
너무도 많이 나의 머릿속에 있는 까닭이다
노래하기에는 너무도 슬픈 사실이외다
백일홍같이 붉게붉게 피지도 못하는 꽃을
국화와 같이 오래오래 피지도 못하는 꽃을
모진 비바람 만나 흩어지는 가엾은 꽃을
노래하느니 차라리 붙들고 울 것이외다
그러나 진달래 꽃은 오려는
봄의 모양을 그 머릿속에 그리면서
찬바람 오고가는 산허리에서
오히려 웃으며 말할 것이외다
"오래오래 피는 것이 꽃이 아니라
봄철을 먼저 아는 것이 정말 꽃이라"고

해 저문 나라에

노작 露雀(필명)

봄아 말 없는 봄아, 가는 봄은 기별도 없이
꽃 피든 그 봄은 기별도 없이,
진달래 꽃이 피거든 오라더니만,
봄이나 사랑이나 마음이나
사람과 함께 서로 달라서,
이 몸이 사랑과 가기도 전에
돌아가는 그 봄은 기별도 없이…
진실과 눈물은 누구의 말이 든고,
시방도 나의 이렇게 서럽거든, 그 적에 애 끊이든
그이의 눈물은 얼마나… 붉었스료,
하염없이 돌아가든 언덕,
긴 한숨 불이든 머나먼 벌판,
눈물에 젖어서 잡풀만 싹이 터 우거지는데,
이 산에서 저 산으로 오고 가는
두견새 가슴이 아프다.
그이가 깨끗하게 닦아주고 가든
내 맘의 어루쇠(鏡)는 녹이 스러서
기쁘나 슬프나 비추던 얼굴,
다시는 그림자도 볼 수 없으니,
아- 그날은 병들은 나의 살림,
마음 아픈 오월 열하로,
나는 이제껏 그이를 찾아서,
어두운 이 나라에 헤매이노라.

『개벽』, 제37호 1923년 7월 1일

백두산 기슭의 진달래꽃

진달래

한용운

봄의 천사들인 양 새롭고 예쁘고 화안한 얼굴들이었다. 두 송이 또는 네 송이 씩 짝을 지어서 볼들을 맞대고 피어 있었다. 볼수록 환하고 깨끗하고 어여뻐서 가만히 만져 보았다.

분홍색이 되기에는 너무나 진하고, 보라색이 되기에는 너무나 연하였다. 아무리 보아도 옳은 색을 찾아낼 수가 없어서 나는 끝없이 바라만 보았다.

누군가가 진달래를 수줍어하는 처녀의 얼굴 같다고 하였지만, 그렇게 수줍어하는 어색한 빛을 나는 볼 수가 없었다. 어떻게 보면, 그 새롭고 환하고 봄처녀 같은 얼굴을 하였지만, 장미와 같이 무르녹는 정열을 남몰래 간직하고 있는 것과 같이 보였다. 그러나 어디로 보나 진달래는 봄에 피는 꽃이 분명하였다.

찬바람과 서리와 늦은 눈 속에서도, 그 환하고 새로움을 보여주기 위해 애타던 모습을 감출 수가 없었다.

진달래

유주현(소설가)

국화가 따로 있는 것이 아니다. 그 민족과 가장 친근하고 그 강토에 가장 많이 피고 그 인심에 좋은 면으로 큰 영향을 주는 고유의 꽃이 있다면 그것을 나라꽃이라 해서 무방하지 않겠는가.

이 나라에 나라꽃이 있다면 진달래일지도 모른다. 이 땅의 어디를 가거나 봄이라면 흔히 볼 수 있은 꽃이면서 그 생김새가 겸손하고 그 빛깔이 우아하고 아이들에게 정서를 심어주며 어른들의 사랑을 받으며 먹으면 약이 되고 보기에 기품이 있으며 만산을 물들였을 때 평화를 상징하는 꽃, 그것이 진달래라면 그게 바로 나라꽃이 아니고 뭐겠는가. 북으로 갈수록 철이 늦었다. 서울 근방에는 진달래 철이 이미 지났지만 평안도에 접어서니까 산에 산에 그 진달래가 한창이어서 언덕마다 골짜기마다 그 부드러운 빛깔 담홍이 타고 있었다.

『동아일보』, 1971년 3월 2일

아름다운 세상

김태길

봄이 되면 반드시 보아야 할 것이 있다. 산허리와 기슭을 뒤덮이다시피 붉게 물들은 진달래의 만발한 무리를 보지 않고 봄이 지나가서는 안 된다. 겨울잠에서 깨어난 소나무들의 파아란 색채에 높은 공간을 양보하고, 그 아래 사이사이를 수놓듯 여기도 피고 또 저기도 피어 있는 진달래 동산.

우리집 꽃 이야기

손소희[30]

주변의 꽃나무에는 비로소 봄물이 오르기 시작하는데, 어느 틈엔가 진달래는

---

30) 손소희(1917~1986): 함경북도 경성 출신 소설가. 1936년 함흥 영생여고를 졸업하고, 1937년 니혼대학[日本大學]에 유학하였다. 한국여류문인협회장, 중앙대학교 예술대 교수 등을 역임했다.

가지마다 수줍음 같은 봉오리를 가득히 달고 나타난다.

얼마 안가 그 봉오리는 어두운 진분홍빛으로, 은은한 연보랏빛으로, 수줍은 웃음으로 무더기무더기 피어난다.

긴 기다림으로 인해 어둡고 그늘지고 답답하던 가슴 가슴에 그것은 벅찬 부활로, 즐거운 생명으로 눈부신 봄의 긍지로서 안겨져 오는 것이다.

조선풍미의 진달래

이은상

진달래의 시장(詩章)은 고려초엽의 사람 최승로(崔承老)의 것으로 시초가 될 것이요, 진달래 화전놀이 시는 이조 중엽의 사람 백호 임제(林悌)의 것으로 효시를 삼으려니와, 그 이전은 그만두고 이만큼만 보더라도 그 유래가 결코 짧지 아니할 뿐더러 누백 년 민풍이 오늘까지 이 꽃 하나에서 가장 많이 적혀 왔고 또 일반적 애상이 앞으로 언제까지나 이 꽃을 넘어설 자가 없을 줄 압니다. 조선은 산악국이라 어느 고을 어느 마을에 뒷산 앞산에 진달래 없는 산이 없습니다. 기르지도 아니하고 가꾸지도 아니하되 진달래처럼 자손 잘 퍼지는 꽃이 없으니 그것도 좋고, 천하의 봄을 제일 앞장 서 이끌고 오는 선구의 꽃이라 그것도 좋습니다.

제주도 한라산 진달래

15. 대한 영토 4천 리에서만 피는 진달래

애국가의 힘이 헌법보다 강하다. 우리나라 사람의 영토관을 대한의 고유 영토 4천 리에서 3천 리로 축소하게 한 원흉[31]은 영토를 한반도로 국한한 헌법 제3조가 아니라 '무궁화 삼천 리' 애국가 후렴의 무한 반복 학습 때문이다.

필자가 2019년 1월부터 지금까지 『아주경제』에 애국가와 무궁화의 관련 칼럼을 40여 회나 연재하고 『두 얼굴의 무궁화』(2020년 6월)와 『애국가는 없다 1』(2021년 5월)을 단행본으로 펴낸 데 이어, 곧 이 책들의 후속 보

---

31) 『조선왕조실록』, 『사고전서』 등 조선 시대와 중국의 명·청(明·淸) 시대 거의 모든 문헌에는 우리나라의 강역이 '삼천 리'가 아닌 '사천 리'로 표기되어 있다. 『조선왕조실록』 ① 선조 26년(1593년) 6월 29일: 조선 국토의 넓이는 동서로 2천 리 남북으로 4천 리(朝鮮幅圓, 東西二千里, 南北四千里) ② 고종 34년(1897년) 9월 29일: 육지 영토는 사천 리를 뻗어 있고(陸地疆土, 延亙四千里) ③ 고종 34년(1897년) 9월 30일: 우리 영토의 넓이는 사천 리로서 당당하게 다스리는 나라(惟我幅圓四千里, 堂堂萬乘之國) ④ 고종 34년(1897년) 10월 13일: 사천 리 강토에 하나의 통일된 왕업을 세웠으니(幅員四千里, 建一統之業) 중국의 명·청(1368~1910) 시대 대표 총서·사서·지리지·지도들에도 조선 영토는 '동서 2천 리, 남북 4천 리(東西二千里, 南北四千里)'로 기록되어 있다. ① 『대명일통지(大明一統志)』 ② 『함빈록(咸賓錄)』 ③ 『황명경세문(皇明經世文)』 ④ 『명사기사본말(明史紀事本末)』 ⑤ 『대청일통지(大淸一統志)』 ⑥ 『대청만년일통지리전도(大淸万年一統地理全圖)』 ⑦ 『사고전서(四庫全書)』 「조선부(朝鮮賦)」 ⑧ 『사고전서』 「외사이관고총서(外四夷館 考總敍)」 ⑨ 『사고전서』 「조선도설(朝鮮圖說)」 ⑩ 『광여도전서(廣輿圖全書)』 등 반면에 '삼천 리'는 고려 태조 왕건이 후삼국을 통일한 936년부터 1876년 일본의 강압에 의한 강화도조약 체결 이전까지 한국의 영토 범위로 쓰인 적이 단 한 번도 없을 뿐더러 조선 시대 최악의 유배 형벌 용어였다.

완 편 2권을 출간하는 핵심 동기 단 한 가지만 든다면 애국가 후렴 "무궁화 삼천 리" 국토 참절과 남북분단의 주술 '악성코드' 때문이다.

세상에 꽃이 무궁화 한 종류만 있으면 모를까, 진달래를 비롯 3,500여종이나 되는 아름다운 우리나라 자생 꽃을 놔두고 왜 하필이면 근본 불분명하고 왜색 넘치는 무궁화를 국화와 국가 국장 등 대한민국의 모든 국가 상징을 지배하게끔 하는가.

비판 없는 발전은 없다. 그러나 대안 없는 비판은 백해무익하다. 법학자인 필자가 대한민국에서 가장 법적이고 공적인 꽃, 무궁화의 나라꽃으로서 문제점을 이토록 오랫동안 집요하게 집중해 온 핵심 동력원은 무궁화보다 백만 배 훌륭한 진달래라는 대안이 있기 때문이다. 진달래는 수많은 선배 학인들이 나라꽃 제1순위로 손꼽아 온 꽃이다. 필자 역시 아래와 같은 이유로 이에 적극 공감한다.

(왼쪽부터) 강화도 고려산 진달래, 옌볜조선족자치주 야산에 만발한 진달래와 진달래 축제를 즐기는 조선족 동포들, 헤이룽장성 중부 자운령 진달래

봄마다 가장 먼저 제주도에서 만주까지 북진하는 진달래 대한 영토 4천 리

진달래(학명 Rhododendron mucronulatum)는 진달래과에 속하는 낙엽활엽 관목이다. 진달래꽃, 두견화, 참꽃이라고도 부르는 진달래의 영어 명칭은

'Korean rosebay' 또는 'Korean rhododendron'이다. 'azalea'는 진달래가 아니라 서양철쭉이나 왜철쭉 또는 영산홍을 의미한다.

진달래는 남한 영토의 43%가 넘는 광활한 북방 영토, 연변 조선족 자치주(4만3509㎢)의 주화이자, 연변의 중심 도시 연길시의 시화이기도 하다. 함경북도와 연변 조선족 자치주에서는 진달래를 천지꽃, 천지화라고도 부른다. 환단고기류에서 천지화는 무궁화가 아니라 진달래다[32].

진달래는 봄이 되면 남으로는 제주도부터 북으로는 연변 조선족 자치주와 헤이룽장성 중부에 이르기까지 대한 고유 영토 4천 리 금수산하를 핑크빛으로 하나 되게 묶는 꽃이다. 이처럼 황홀하게 아름다운 장면은 대한 영토 4천 리 말고는 중국 본토와 일본 본토 그 어디에도 없다.

진달래는 3월 초순부터 제주도 서귀포에서 피기 시작해, 3월 중순에는 부산, 여수, 목포 한반도 남해안에 상륙하고 1870년대까지 우리 땅 대마도에서 피어난다. 3월 하순에는 서울과 강원도 중부권에서 활짝 피고 4월 초에는 평양 모란봉 제령산에 북상하고, 4월 중순에는 평안북도와 함경북도 개마고원을 분홍색 일색으로 물들인다. 4월 하순에는 두만강을 훌쩍 건너 연변 조선족 자치주까지 북진한다. 5월 초에는 이윽고 헤이룽장성 중심 도시 하얼빈 일대 산하를 지배한다. 이러한 진달래 영토는 12세기 초 윤관의 9성 개척부터 20세기 초까지 지배했던 대한 영토 4천 리 금수산하 강토와 완전히 일치한다.

진달래 남한 땅 대표적 군락지는 남에서 북으로 제주도 한라산, 전남 여수시 영취산, 경남 거제시 대금산, 창원시 천주산, 창녕군 화왕산, 대구 달성군

---

32) 산림청 홈페이지를 비롯하여 각종 무궁화 관련 국내 텍스트는 환단고기류의 '천지화'를 '무궁화'로 오역하고 있는데, 진달래꽃으로 시정을 요한다.

비슬산, 충남 아산 아미산, 경기 수원시 화산, 부천시 원미산, 강화군 고려산, 강원도 춘천의 삼학산이다. 반만 년 한민족 고유의 꽃 진달래에는 휴전선이고 북방한계선(NLL), 비무장지대(DMZ)가 없다. 진달래의 북한 땅 대표 군락지는 북한 지역의 개성 송악산, 황해남도 장연의 두견산, 황해남도 해주의 수양산, 은율의 구월산, 평양의 제령산, 평안남도 강서 서학산, 김소월의 「진달래꽃」 시로 유명한 평안북도 영변 약산이다.

　반만 년 한민족 고유의 꽃 진달래에는 일제에 의해 축조된 울타리 압록강이고 두만강이고 간도(間島)[33]고 모두 없다. 20세기 초까지 대한 영토 만주 땅 대표 군락지(우리말 한국어 발음대로 쓰겠다)는 연변 조선족 자치주 토산, 천불지산(天佛指山), 노백산(老白山), 그리고 대조영이 발해를 건국한 동모산(东牟山), 지금의 육정산(六鼎山), 길림시의 길림북산(吉林北山).... 진달래는 여기에 그치지 않는다. 북진을 계속한다. 흑룡강성 가목사시 쌍압산(双鸭山) 자운령, 중국 본토에서도 유명한 진달래 명소로 중국 정부는 국가급 삼림공원으로 지정했다. 모두 윤관이 개척한 9성이고 조선 초기 세종대왕 치세 시 '홀라온' 등으로 불리며 조선으로 귀화하거나 조공을 바친 대한 영토 4천 리 진달래 영토이다.

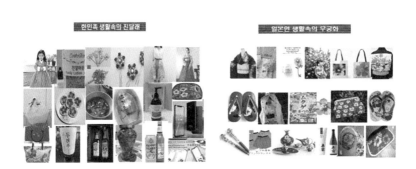

33) 간도(間島)는 19세기 후반 일본 제국주의가 날조한 조어로 일본 본토는 본도(本島), 만주는 간도로 중국 본토를 침략하는 뜀틀, 중간 기지로서의 의미를 담은 지명이다. 차후 상술하고자 한다.

16. 진달래 영토는 증명한다
만주와 대마도도 한국 땅!

· 진달래는 한반도와 중국 동북부에서 자생한다. 일본(대마도 제외)에는 거의 자생하지 않고 일본에서 볼 수 있는 것은 식물원 등에서 재배하는 것으로 제한된다.

- 일본어판 위키피디아[34]

· 대마도는 경상도에 예속되어 있다(對馬島隷於慶尙道) 모든 보고나 문의할 일이 있으면, 반드시 경상도 관찰사에게 보고하라.

- 『세종실록』, 1420년(세종2년) 2월15일(양력)

· 1870년대에 대마도를 불법적으로 삼킨 일본은 포츠담 선언에서 불법으로 소유한 영토는 반환하기로 약속했기 때문에 이제 우리에게 돌려줘야 한다.

- 이승만 대통령, 1949년 1월 7일, 대한민국 최초의 연두 기자회견

---

34) しておらず、日本で見られるのは植物園などで栽培しているものにほぼ限られる。 대마도의 진달래를 변종 현해척촉으로 구분한다고 해놓고 뒤에는 결국 이는 본종 진달래와 구별하지 않는다고 슬그머니 꼬리를 내린다. 日本の対馬どに分布するゲンカイツツジ（玄海躑躅、 Rhododendron mucronulatum var. ciliatumはこれの変種である. また、ゲンカイツツジを本種と区別しない分類もある. 加藤将輝・著、中森明夫・プロデュース『北朝鮮トリビア』飛鳥新社 2004年, https://weblio.jp/content/

진달래와 가깝고도 먼 꽃 철쭉, 한국과 가깝고도 먼 나라 일본

흔히들 한국과 가깝고도 먼 나라는 일본이라고 한다. 그렇듯 진달래와 가깝고도 먼 꽃은 철쭉이다. 같은 진달래과 진달래속에 속하고 얼핏 보면 비슷하지만 많은 게 상반되기 때문이다.

진달래는 독이 없어 참꽃으로 불리고 철쭉은 독이 있어 개꽃으로 불린다. 철쭉의 한자어는 척촉(躑躅)이다. '척(躑)'과 '촉(躅)' 둘 다 머뭇거린다는 뜻인데, 염소가 먹으면 죽는 이 꽃을 보기만 해도 머뭇거린다고 해서 붙여진 이름이다.

우리나라에서 진달래는 개나리와 함께 가장 먼저 추운 겨울 이기고 온, '봄 길잡이' 꽃이다. 봄꽃 중에 화사하기로는 으뜸인 진달래가 피는 시기는 철쭉보다 훨씬 이르다. 철쭉은 진달래가 거의 다 지고 난 다음 피어난다. 진달래는 꽃이 다 지고 난 다음 잎이 돋아나는 반면에 철쭉은 잎이 먼저 나오고 꽃이 피거나, 꽃과 잎이 같이 핀다.

진달래는 대한 영토 4천 리 산야에 자유롭게 거침없이 지천으로 피어나는 야생 꽃나무다. 반면 철쭉은 야생에서 거의 자생하지 않고 주로 공원 등에 사람들에 의해 심기는 인위적인 꽃나무다.

진달래는 철쭉보다 나무 자체가 크고 차지하는 공간이 넓은 편이다. 철쭉은 나무 자체가 작고 협소한 공간에 오밀조밀하게 식재돼 있다. 진달래는 한국·한국인에 가깝고 철쭉은 일본·일본인에 가깝게 느껴진다.

진달래가 증명한다... 대마도는 한국 땅이라고

부산 해운대에서 맑은 날이면 대마도가 보인다. 우리나라의 부산과 대마도의 거리는 49.5km, 일본 규슈와 대마도와의 거리는 147km 떨어져 있다. 거리상으로도 대마도는 우리나라가 일본보다 3배나 가깝다. 대마도는 남북이 72㎞, 동서 16㎞, 넓이 714㎢로 제주도의 약 5분의 2정도 크기의 섬이다.

3년 전 이맘때 대마도 여행에서 만난 한 일본 전문가는 대마도에는 한·일 양 국민이 잘 인식하지 못하는 두 가지 특징이 있다고 말해줬다. 하나는 지질대가 한반도와 연결되어 있어 일본 본토처럼 지진 발생이 거의 없어 안심해도 좋다, 다른 하나는 일본 본토에는 없는 진달래가 대마도 산야에 지천으로 피어난다는 것이다. 귀가 번쩍 뜨이는 사실이다.

일본 본토에는 진달래가 단 한 주도 없다

(왼쪽) 대마도 야산에 만발한 진달래. 진달래는 대마도에만 피고 일본 본토에는 피지 않는다.
(가운데) 스페인 국회도서관 소장 1730년대 고지도. 대마도, 독도, 만주 모두 한국 땅으로 표기.
(오른쪽) 400여점의 서양 고지도와 조선시대 관찬 지도들과 달리 만주 지역이 한국 땅으로 표기되지 않아 일제와 종일 매국 사학계가 조선 대표 지도로 과장, 부각시킨 김정호의 「대동여지도」조차도 대마도는 한국 땅으로 표기.

위키피디아 백과를 비롯한 각종 문헌은 "진달래는 한반도와 만주지방에서 자생하고 대마도를 제외한 일본에는 자생하지 않고 일본에서 볼 수 있는 진달래는 식물원 등에서 재배하는 것으로 제한된다."라고 적고 있다.

1718년 대마도 종가자료집 『조수초본지서부(鳥獸草木之書付)』에도 진달래(두견화)는 예로부터 피고 일본 본토의 철쭉과 달리 먹을 수 있는 꽃이라고 기재되어 있다.

위에서 두루두루 살펴본 바와 같이 역사·지리로 보나, 지질·지도로 보나, 예나 지금이나, 책으로 보나 꽃으로 보나, 대마도는 삼국시대 이후 1876년 강화도조약 이전까지 한국의 지배를 받던 영토였다(1948년 8월 18일 대한민국 정부 수립 3일 후 대통령 최초 기자회견)[35].

북한의 나라꽃은 진달래가 아니라 '목란(함박꽃나무)'이다

흔히들 진달래를 북한의 나라꽃으로 잘못 알고 있다. 나라꽃을 무궁화 대신 진달래로 바꾸자 하면 보수적인 인사들은 북한의 나라꽃을 대한민국의 나라꽃으로 삼을 수 없다고 목청을 돋운다.

박정희 시대에 초중고를 나온 필자도 김소월의 명시 "영변에 약산 진달래꽃"을 암송하며 그렇게 배웠다. 그런데 심층 조사해 보니 진달래가 북한 꽃이라는 낭설이 퍼지게 된 시점은 박정희 5·16쿠데타 이후였으며 정설로 거의 굳어진 시점은 1965년 한일수교 이후다. 꽃무늬가 욱일기와 일장기를 닮고 구한말 이전 한민족사에 생경한 무궁화 대신 한민족이라면 누구나 사랑하는 진달래로 나라꽃을 바꾸자 말도 못 꺼내기 위한 친일 박정희 정권의 '레드 콤플렉스' 유포 물밑 작업은 아니었으리라!

북한의 나라꽃은 진달래가 아니라 함박꽃나무(학명 Magnolia Sieboldii)다. 2015년 산림청에서 펴낸 『한반도 자생식물 영어 이름』 309쪽에는 'Korean mountain magnolia'라고 표기했다. 1964년 8월, 김일성 주석은 무궁화에서 "씨도 없고, 향기도 없는 꽃, 우

---

35) 서울신문 1948년 8월 18일 3면

리 주위에 없는 무궁화를 어떻게 국화로 자랑할 수 있겠는가? 목란꽃은 향기도 있고 열매도 있고 모든 지역에 널리 퍼져 있다."며 목란으로 나라꽃을 바꿨다. 목란은 1991년 4월 10일 북한의 공식 국화로 대외에 공개했다. 목란은 우표와 지폐의 문양 최고훈장인 김일성훈장, 주체 사상탑의 기단벽과 탑신 받침대 등 북한의 공식 나라꽃으로 널리 쓰여 왔다.

연변 진달래 축제와 진달래 시비 vs 일본 무궁화 축제와 무궁화 시비

봄이 오면 대한 영토 4천 리 금수산하에 야생 진달래가 피어나듯 여름철에 접어들면 일본 열도 산야 도처에는 야생 무궁화가 지천으로 피어난다.

연변 조선족 자치주의 주화이자 연길시 시화, 진달래는 20세기 초까지 대한 영토였던 중국 길림성과 흑룡강성 산야에 가장 많이 피는 꽃 중이 하나다. 특히 연변 자치주의 화룡시와 용정시는 매년 봄 진달래 문화 축제를 개최한다[36].

진달래 문화 축제는 산야에서 치르는데, 규모가 방대한 데다가 조선족 동포들의 참여도가 높은 대중 문화 축제이다. 봄의 천사, 봄 아가씨로 불리는 진달래꽃에 한민족 고유의 민족 정서와 인문 사회 자연환경을 연계하여 진귀한 문화 상징물로 키워내는 데 성공했다.

---

36) 진달래는 두견화로도 알려져 있으며 연변 조선족 자치주의 주화이자 연길시의 시화이다. 최근 연변 조선족 자치주 룽징시의 한 목장에 야생 진달래 꽃이 활짝 피어 많은 관광객들이 방문하고 늘고 있다.
金达莱，别名杜鹃，是中国延边朝鲜族自治州的州花，延吉市的市花。近日，延边州龙井市一牧场内的野生金达莱花开放，吸引大批游客参观游玩。중국신화사 2019년 4월 24일. http://m.xinhuanet.com/jl/2019-04/24/c_1124409650.htm

(왼쪽) 연변 조선족 자치주 매년 개최하는 진달래 문화 축제
(오른쪽) 연변 조선족 자치주 용정시 일송정에 새겨진 비암산 진달래 시비

그에 반해 아열대 식물인 무궁화는 원래 연변에 없었으며(19세기 말까지 차령 이남에만 재배 가능)지구 온난화 덕택으로 1992년 한중수교 이후 한국인들에 의해 연변 자치주 시내에 인위적으로 심겨 있을 뿐이다.

2003년 4월 중국 정부는 용정시 일송정에 세워졌던 친일 매국노 윤해영이 작사하고 조두남이 작곡한 「선구자」 가사를 새긴 비석을 철거해 버렸다. 그 자리에 전 중국에서도 저명한 조선족 원로 시인, 조룡남 연변작가협회 부주석의 명시 「비암산 진달래」 시비를 건립했다.

한반도를 비롯한 대한 영토 4천 리에는 야생 무궁화 개체 한 그루도 없다. 더구나 무궁화 자생 가능 지역도 휴전선 이남뿐이다. 반면, 일본의 무궁화는 8세기 이전 일본에 토착화, 홋카이도에서 오키나와까지 일본 열도 천지 사방에 널려 있다. 무궁화는 꽃나무로 위장한 일본의 국기와 군기다. 일본인은 일장기와 욱일기를 흔드는 대신 무궁화를 심고 가꾸고 노래하고 받들고 사랑하며 항상 심신에 새긴다. 한편으로 타국으로 은밀한 확산을 꿈꾼다.

(왼쪽) 매년 여름철이면 일본 도처에서 개최되는 무궁화 축제(무쿠게마츠리)포스터.
(가운데) 일본 도처에 새겨져 있는 무궁화 시비.
(오른쪽) 봄철이면 대한 영토 4천 리 금수산하에 야생 진달래가 피어나듯 여름철이면 일본 열도 산야 도처에는 야생 무궁화가 지천으로 피어난다.

100% 진달래 영토 4천 리 금수산하에서 38%로 축소된 천오백 리 무궁화 지역(근역)

반만 년 유구한 한민족과 가장 오래, 가장 친밀한 꽃 진달래 영토(대한 영토, 26만6857㎢)를 100으로 보았을 때 무궁화를 나라꽃으로 남한 영토(10만201㎢)로 37.55%로 축소된다.

무궁화와 진달래 영토 비교

	남한	북한	연변조선족자치주	
국화격(주화)	무궁화(비공식)	목란(공식)	진달래	
무궁화 영토	100210㎢	–	–	100,201㎢
진달래 영토	100210㎢	123138㎢	43509㎢	266,857㎢
가장 친근한 꽃	진달래	진달래	진달래	

무궁화는 황해도 이북에선 자생은커녕 재배마저 불가능하다(1990년대 이후 급격한 기후 온난화로 연변 조선족 자치주까지 무궁화 재배 가능). 엄밀하게 말하면 무궁화 삼천 리는커녕 무궁화 천 오백 리뿐이다. 따라서 무궁화는 남북통일을 지향하고 동북공정을 극복하고 북방 영토를 잊지 않기 위해선 대한민국 나라

꽃으로 최악이다. 하루빨리 국토참절과 영구분단을 주술하는 악마의 코드 '무궁화 삼천 리'를 퇴출하고 '진달래 사천 리'를 가사에 담는 진짜 대한민국 국가 제정이 시급하다.

백두산 산자락에 활짝 핀 진달래(출처: 바이두 백과)

흑룡강 쌍압산 자작나무숲에 핀 진달래(출처 바이두 백과)

17. 한국 진달래 전설이 증언한다
진달래 4천 리 금수산하

봄이 오면 이 나라 산마다 피어나는 꽃, 이 나라의 전설이 얽혀 있고 또 우리들의 따뜻한 정감이 서려 있는 꽃이 진달래이다. 진달래는 우리나라의 기후풍토에 가장 알맞은 나무이다. 우리나라에는 방방곡곡 산이 없는 데가 없으며 산이 있는 곳이면 진달래가 안 피는 곳이 없다. 그래서 이 강산 어디서나 흔히 볼 수 있는 꽃이 진달래이다. 진달래는 메마르고 각박한 땅에서도 잘 자란다. 사람들에 꺾이고 또 꺾이고, 송두리째 잘려 나가도 끈질기게 땅에 뿌리를 박고 억세게 피어나고 또 피어난다. 마치 수없는 전란과 재난에 시달리면서도 이를 극복하고 찬란한 문화를 꽃피우며 끈질기게 살아온 우리 겨레와 동일시되었다[37].

진달래는 우리 역사의 정사나 야사 할 것 없이 자주 출현해왔고 상하귀천, 남녀노소 없이 모든 계층의 사랑을 받아왔다. 진달래는 무궁화와 달리 벌레

---

37) 이상희, 『꽃으로 보는 한국문화 3』, 넥서스, 2004, 126~127쪽

가 생기지 않고 건강한 꽃으로 화전 등 음식으로 즐겨 먹었으며 예로부터 참꽃으로 불려 왔다. 진달래는 민족 정서에 친근하고 아름답고 한반도와 만주 전역에 자생한다.

백두산의 진달래

매년 이른 봄, 눈 덮인 백두산의 나무들이 동면에서 깨어나지 않을 때 눈바람에 맞서 활짝 피어 산 꽃이 만발한다. 김 씨가 대표 성인 한국인들은 그것을 '금달래'라고 부른다. 진달래는 가장 이른 봄에 피기 때문에 영초라고 한다. 하늘의 두견새는 두견새요, 땅 위의 두견새는 진달래이다.

오누이가 백두산 기슭에 살았다. 둘은 땔감을 베고 땅을 일구어 서로 의지하며 살았다. 당시 왕은 백성을 탄압하는 폭군으로 갖은 악행을 다했다. 특히, 매년 곡식 대신에 순결한 처녀를 뽑아 귀신에 제물로 바쳤다. 불행하게도 누이동생이 선택되었다. 오누이는 산속 깊이 몸을 피했다. 인신 공양 날이 가까워지자 관군들이 산을 에워싸고 여러 날 이 잡듯이 수색했다. 관군을 피해 도망치던 오누이가 백두산 천지 비룡폭포 끝에 다다랐을 때, 갑자기 은빛 수염과 백발의 신선이 나타났다. 신선은 오누이에게 백마와 보검 두 가지 보물을 주면서 죽지 말고 끝까지 살라고 말했다.

오누이는 백마를 타고 검을 치켜들고 관군의 포위망을 돌파하고 기슭으로 내려갔다. 마을 사람들은 오누이를 도우러 달려왔다. 오누이는 그들을 이끌고 관군들을 무찔렀다. 오빠와 누이동생은 관아의 창고를 깨뜨리고 굶주린 백성들에게 곡식을 나누어 주었다. 그러나 누이동생이 마지막 곡식을 나눠주러 간 틈을 타 관군들이 창고 속으로 쳐들어와 오빠를 사로잡았다. 왕궁으로 끌려간 그는 갖은 고문을 당했다. 분노한 왕은 오빠를 고향으로 내려보내고 공개 참수형에 처하라고 명령했다. 고문으로 만신창이가 된 그는 다시 구타당했다. 한 걸음 한 걸음, 선홍의 피 발자국이 온통 절벽과 언덕 위에 새겨졌다. 오빠는 형장에 도착하기 전에 기슭에서 숨을 거두었다.

이윽고 그가 걸었던 언덕, 피로 물든 땅 곳곳에 기이한 분홍색 산 꽃이 많이 피어나고 분홍빛의 향기가 가득하였다. 강한 기질을 가지고 있으며 차가운 얼음과 눈 속에서 바람에 맞서 꽃을 피우는 진달래는 특별히 한국인의 사랑을 받고 있다.

나무꾼과 진달래

夏. 商时期的东夷人居住地区

천상의 꽃밭을 가꾸는 선녀가 지상에도 예쁜 꽃을 가꾸어 인간들도 즐겁게 해 주고 싶었다. 그래서 인간 세상에 내려와 꽃을 심다가 그만 실수로 높은 벼랑에서 떨어져 다리를 다쳤다.

마침 그곳을 지나던 성이 '진(辰, 진국 삼한의 전신)'이라는 나무꾼이 이를 발견하고 자기 집으로 업고 가 지성으로 간호했다. 선녀는 이런 정성스러운 나무꾼이 좋아져서 그와 결혼했다. 행복하게 살면서 예쁜 딸 한 명을 낳아 이름을 '달래'라고 했다. 그러나 선녀는 가족과 이별하고 다시 하늘로 올라가야 하는 자신의 운명이 늘 괴로웠고, 곧 닥쳐올 이별이 슬펐다. 이듬해 봄, 천상의 부름을 받은 선녀는 눈물을 흘리며 하늘로 올라갔다. 선녀와 이별한 나무꾼은 실연의 아픔 속에서 세월을 보냈다. 그래도 그 딸만은 예쁘게 잘 키워 아름다운 처녀가 되었다.

그런데 고을에 고약한 사또가 부임해 달래를 첩으로 달라고 했다. 달래가 완강히 거절하자, 사또는 달래를 감옥에 가두고 온갖 학대를 했다. 달래가 끝내 사또의 청을 거절하자 화가 난 사또는 달래를 끌어내어 사람들이 보는 앞에서 처형하고 말았다.

나무꾼은 죽은 딸을 부둥켜안고 울다가 그만 그 자리에서 죽고 말았다. 그러자 달래의 시신은 온데간데없고 하늘에서 빨간 꽃송이가 함박눈 쏟아지듯 내려와 나무꾼의 시체를 덮어 꽃 무덤을 만들었다.

그 후 나무꾼의 무덤에는 해마다 봄이 되면 빨간 꽃이 피어났다. 사람들은 나무꾼의 성인 진(辰) 자와 딸의 이름 달래를 따서 진달래라고 불렀다.

동이의 옛 땅에서, 산둥성에서 두견화

나라 잃은 두견새의 피눈물 나는 진달래의 전설, '두견화'. 진달래를 두견화라고 하고 접동새를 일명 두견새라고 한다. 두견새는 봄에 오는 이로운 새인데, 두견새의 특징은 숲속에서 홀로 살며 둥지를 짓지 않는다. 알을 휘파람새 등의 둥지에 한 개씩 낳아 다른 새가 대신 새끼를 기르게 하며 자신은 새끼를 돌보지 않는다. 그래서인지 두견새의 울음을 듣는 이에 따라서는 처절하기 이를 데 없다. 거기에는 애달픈 전설이 전해오고 있다.

옛날 중국 촉(춘추 시대의 제후국, 호북성에 위치)나라의 임금 망제는 이름이 두우였다. 위(산둥성 서부, 동이족 집거지)나라로 도망한 후 그는 복위를 꿈꾸었으나, 뜻을 이루지 못하고 억울하게 죽어 그 넋이 두견새가 되었다. 그리하여 한이 맺힌 두견새는 밤이고 낮이고 "귀촉, 귀촉(고향으로 돌아가고 싶다)" 하며 슬프게 울었다. 그래서 이 새를 귀촉도라고도 불렀다.

　이와 같이 죽은 망제의 혼인 두견새는 그 맺힌 한으로 피를 토하며 울고 토한 피를 다시 삼켜 목을 적셨다. 또 꽃잎이 떨어져 붉게 꽃잎에 물이 들었다. 두견새는 봄이 되면 밤낮으로 슬피 우는데, 특히 핏빛같이 붉은 진달래만 보면 더욱 울어댄다고 하고, 한 번 우짖는 소리에 진달래꽃이 한 송이씩 떨어진다.

대구광역시 달성군 비슬산 진달래

연변 조선족 자치주 화룡현 진달래촌

18. 한국 정사(正使)에
진달래꽃이 나오면 항상 태평성대

진달래가 『삼국사(기)』, 『고려사』, 『조선왕조실록』 등 한국 3대 정사에 나오면 항상 감격시대 태평성대였다.

삼국사

낙랑 언덕의 사냥 대회에 참가하다

고구려에서는 매년 봄 3월 3일마다 낙랑(樂浪)의 언덕에 모여 사냥하였는데, 잡은 돼지와 사슴으로 하늘과 산천(山川)의 신에 제사를 지냈다. 그날이 되자 왕이 사냥을 나갔고, 여러 신료와 5부(五部)의 병사가 모두 왕을 따랐다. 이때 온달도 그동안 기른 말을 가지고 따라갔다.

- 『삼국사기』 제45권 열전 제5 온달(溫達)

고구려에서 매년 3월 3일에 낙랑 언덕에 모여 사냥을 하고 하늘과 산천 신에게 제사를 지내는 습속이 있었음을 전해 주는 자료로 주목할 수 있다. 이와 관련하여 『수서(隋書)』 제81권 고려전의 "每春秋郊獵 王親臨之"라고 한 것이 이 기록의 진실성을 뒷받침해 주고 있다.

삼월 삼짇날은 봄철에 3이란 양의 수가 겹치는 길일(吉日)이다. 삼짇날이라 하거나 상사(上巳), 원사(元巳), 상제(上除) 등으로 부른다. 이 시기는 산과

들에 화사한 진달래꽃이 피어나 각 마을마다 봄놀이를 펼치며, 마을에 따라 동제(洞祭)를 지내기도 한다.

고려사

진달래꽃이 피었습니다(杜鵑花開).

-『고려사』, 980년(경종 5년) 12월(음력)

왕이 진달래가 활짝 핀 것을 보고 관리들을 석방하다

충렬왕이 본궐에 행차하여 장경도량을 열었다. 전각 뒤에 진달래가 활짝 핀 것을 보고 4운시 1편을 짓고, 사신 백문절과 반부, 곽, 민지(閔漬) 등 18인으로 하여금 화답 시를 지어 올리게 하였다. 화답 시에 기분이 흡족해진 왕이 투옥되었던 감찰사 관리들을 석방했다.

-『고려사』, 1280년(충렬왕 6년) 3월 15일(음력)

'상사'는 고려의 속절에 드는 명절로 음력 3월 3일을 일컫고 '삼짇날'이라고도 부른다. 이날은 답청하는 풍속도 있고, 굽이굽이 흐르는 물에 술잔을 띄워 마시며 시를 짓는 '유상곡수'의 풍속도 있었다.

문종 23년(1069년) 3월에 왕은 흥왕사 남쪽 봉우리에 올라 두견주를 마시고 사시를 짓도록 하였다. 「동동」에서 3월은 상사의 화전인 '꽃지짐'에 쓰는 진달래꽃을 소재로 삼았다.

삼월 나면서 활짝 핀 / 아! 늦봄의 진달래꽃이여
남이 부러워할 자태를 / 지니고 나셨도다.
아! 동동다리.

속악(俗樂)

고려의 속악을 여러 악보(樂譜)를 참고하여 수록하였는데, 그 가운데 「동동(動動)」 및 「서경(西京)」 이하의 24편은 모두 이어(俚語), 즉 순수 고려의 말로 썼다.

춤추는 대열과 악관 및 기녀의 의관과 항차는 앞의 의례와 같다. 기녀 2인이 먼저 나가서 북쪽을 향하여 좌우로 나누어 서서, 두 손을 마주 잡고 발을 떼어 춤을 추다가 절을 하고 나서 엎드린다. 일어나서 꿇어앉아 아박(牙拍)을 받들고 「동동사(動動詞)」의 첫 번째 구(句)를 창(唱)한다(때로는 아박이 없기도 한다). 모든 기녀가 따라서 합창하고, 향악(鄕樂)으로 그 곡을 연주한다. 두 기녀가 꿇어앉아서 아박을 띠 사이에 꽂고 음악의 1강이 끝나기를 기다렸다가 일어나고, 음악의 2강이 끝나면 두 손을 모으고 춤을 추고, 음악의 3강이 끝나면 띠 사이에 꽂았던 아박을 뽑아서 한 번 앞으로 나아갔다 한 번 뒤로 물러났다 하는데, 한 번은 마주 보고 한 번은 등지며, 음악의 절차에 따라 왼쪽을 보기도 하고 오른쪽을 보기도 하고, 혹은 무릎으로 혹은 팔로, 서로 치면서 춤을 춘다. 음악이 다 끝나기를 기다렸다가, 두 기녀는 앞에서 했던 것처럼 두 손을 마주 잡고 발을 떼어 춤을 추다가 절을 하고 나서 엎드렸다가 일어서서 물러난다.

동동이라는 놀이는 그 가사에 경사를 기리고 축하하는 말이 많은데, 대개 선어를 본떠 지은 것이다.

『조선왕조실록』

매양 한번 술자리를 베풀면 반드시 음악을 베풀게 되고 해가 저물어서야 헤어져 돌아갔다. 남녀 노래를 부르고 춤을 추며 길거리에서 큰 소리로 떠들면서 태평 시대의 즐거운 일이라고 불렀다. 귀가(貴家)의 부인들도 또한 많이 본받아서 장막을 크게 설치하고는 아들과 며느리를 다 모아서 호세와 사치를 다투어 준비하는 것이 매우 극진하였다. 진달래가 필 때에 더욱 많게 되니, 이름하기를 '전화음(煎花飮)'이라 하였다.

『세조실록』, 1457년(세조 3년) 4월 22일

경복궁 자경전 꽃담에 핀 진달래 꽃

진달래는 어떤 상징성을 가지고 새겨진 것일까? 진달래는 초봄에 가장 먼저 탐스러운 꽃밍울을 터뜨려 개나리와 함께 봄꽃의 대명사로 불린다. 진달래는 메마르고 척박한 땅에서도 잘 자라고 번식력도 강하다. 특히 잎보다 먼저 꽃을 피워 만개한 진달래꽃은 화려하고 강렬하다.

김소월의 시를 포함해서 진달래에 엮인 이야기들이 대부분 애달픈 이야기들로 주입 교육되어 이런 부분이 상징이라고 오해하기 쉽지만, 진달래의 꽃말은 사랑의 기쁨, 절제, 청렴, 사랑의 즐거움, 사랑의 희열이다.

8월 8일이 탄생화인 진달래는 '생명력', '인고', '장수'를 상징한다. 식용인 진달래는 떡 위에 올라가 있기만 해도 빛깔을 확 살아나게 만든다. 실제로 진달래를 보면 그 압도적인 존재감에 꽃이 정말 살아있다는 것을 느끼게 한다.

경복궁 자경전 꽃담 진달래

자경전은 경복궁에서 가장 화려하고 규모가 큰 전각 중 하나이다. 경복궁을 중건한 흥선 대원군의 각별한 관심과 배려의 결과이다. 자경전은 1867년 경복궁을 중건하면서 고종의 양어머니인 조대비를 모시기 위해 마련한 전각이다. 흥선 대원군은 자신의 아들이 보위를 잇게 해 준 데 대한 보은의 의미에서 신정왕후의 처소인 자경전 공사에 각별한 정성을 들였다고 한다.

자경전은 만수무강을 강조하기 위한 꽃담과 십장생 굴뚝이 단연 돋보인다. 꽃담은 담벼락을 문양이나 문자로 장식한 담장을 말한다. 그런데 경복궁에 가장 화려하고 규모가 큰 자경전의 꽃담에 감히 진달래를 새겨 놓았다. 자경전 꽃담은 진달래를 비롯하여 매화, 복숭아, 석류, 모란, 국화 등 6가지의 장수와 생명력을 장식하는 붉은 색 꽃들로 장식되어 있다. 특히 자경전 꽃담에 나비와 함께 새겨진 진달래는 '강인한 생명력', '영생불변'을 상징한다.

인천광역시 강화군 고려산 진달래

연변 조선족 자치주 동모산(대조영의 발해 건국지) 진달래

19. 진달래는 먹는 꽃

진달래

조연현

진달래는 먹는 꽃
먹을수록 배고픈 꽃
한 잎 두 잎 따먹는 진달래에 취하여
쑥바구니 옆에 낀 채 곧잘 잠들던
순이의 소식도 이제는 먼데
예외처럼 서울 갔다 돌아온 사나이는
조을리는 오월의 언덕에 누워
안타까운 진달래만 씹는다
진달래는 먹는 꽃
먹을수록 배고픈 꽃

봄이 온다! 봄이!

朴露兒

창자가 주려서 쓰릴 때 엇지 지저귀는 새소래가 들니며 아름다운 꼿치 보히랴! 내가 어려서 杜鵑花를 꺽그려 산에 올낫다가 돌아오는 길에 엇지나 시장하든지 꼿다발을 만들어 동무들 압헤 자랑하려고 한가지 한송이를 앗기며 고이 안고오든 것을 한송이도 남기지 못하고 다 따먹어 바리고 뷘손으로 집에 돌아오든 일이 생각난다. 눈보다도 입이 빠른 것이다. 꼿가지에 걸터 안저서 그 보드라운 속털에 싸여 토실토실하게 살찐 압가삼을 내밀고 갸웃갸웃 고개짓하는 참새를 바라볼 때 주린 사람에게는 고 놈을 잡아 가지고 간장을 발너 구어 먹고 십흔 충동부터 먼저 일어날 것이다. 그러나 창자가 소세지가치 꼭 들어찬 작자의 눈에는 그것이 다 재롱이요 음악이요 詩다.

- 『별건곤』 제27호, 1930년 03월 01일

진달래는 먹는 꽃이자 즐기는 꽃이다

세조 때 재상을 지낸 강희안의 『양화소록(養花小錄)』에 보면 진달래는 정5품의 품작을 받는다. 그 이유인즉, 진달래는 척박한 땅이나 바위틈을 골라 피며 북향일수록 더욱 잘 피고 꽃 색깔도 진하다는 것이다. 이는 곧 어려운 처지에 놓여도 애초의 마음을 잃지 않고 붉게 지켜내려는 지조와 절조를 상징한다는 의미가 된다.

진달래는 품격을 지니되 그저 바라보기만 하는 꽃이 아니라, 오랜 세월 우리 삶 속에 깊숙이 뿌리 내린 꽃이다. 음력 3월 3일(올해는 양력으로 4월 22일) 삼짇날이 되면 규방에 갇혀 지내던 아녀자들이 봄볕 화사한 개울가나 산자락에 나와 진달래꽃으로 화전을 부쳐 먹으며 화전놀이를 즐겼다.

화전놀이의 전통은 이미 신라 시대부터 시작하였다. 『교남지(嶠南誌)』 권4, 경주 산천조에는 화절현(花折峴)이라는 고개가 나오는데, 그 이름은 신라의 궁인(宮人)들이 봄놀이를 하면서 꽃을 꺾은 데서 비롯하였다고 한다. 집안의 여성들, 특히 시집온 며느리들이 함께 모여 놀이를 위해서 장막을 세우고 참꽃으로 지짐을 지져 머으며, 질펀한 음주와 가무를 즐겼으니 이내의 봄나들이는 신라의 화전놀이는 물론 후대의 화전놀이와 다를 바가 없다.

그러나 당시의 화전놀이가 여성들의 전유물만은 아니었다. 16세기의 시인 백호 임제(林悌)는 홍만종의 『순오지(旬五志)』 상권에, "작은 개울가에 돌 고여 솥뚜껑 걸고, 기름 두르고 쌀가루 얹어 진달래(杜鵑花)을 지졌네. 젓가락 집어 맛을 보니 향기가 입에 가득, 한 해 봄빛이 배속에 전해지네[38]."라는 맛깔스런 시 한편을 남겼다. 이 시로 보자면 남성들도 낭만적인 화전놀이를 즐겼다.

한편 화전놀이와 화전가(花煎歌)의 만남은 조선 후기, 그것도 19세기 초 이후에야 이루어진다. 이 시기에 이르러 여성들은 화전놀이의 과정과 소회를 담은 전형적인 화전가를 즐기기 시작한다. 화전가의 창작과 음영이 화전놀이의 중요한 내용으로 자리를 잡음으로써 여성들의 화전놀이와 남성들의 화전놀이는 물론 그 이전 시기 여성들의 화전놀이와도 다른 면모를 보여 주게 되었다.

주로 화전놀이는 춘삼월 진달래꽃이 만발할 무렵에 마을 또는 문중의 여성들이 통문을 돌리거나 해서 놀이를 가기로 뜻을 모으는 것으로 시작되었다. 뜻이 모이면 시어른들의 승낙을 얻은 뒤에 구체적인 준비를 시작한다. 참여 인원은 대략 30~60명 내외이다. 젊은이로부터 늙은이까지 두루 참여할 수 있지만, 어느 정도 삶의 이력이 붙어 집안이나 마을에서 인정받는 중년 여성들이 주도하며 시어머니들은 며느리들이 자유롭게 놀 수 있도록 따라가지 않는다. 음식을 비롯하여 놀이에 드는 경비는 화전계(花煎契)가 있으면 그 기금으로 충당하고 그렇지 않으면 일정하게 각출한다.

---

38) 林悌 鼎冠撑石小溪邊 / 白粉青油煮杜鵑 / 雙箸挾來香滿口 / 一年春色腹中傳

놀이 날이 정해지고 준비가 진행되는 동안, 여성들은 그날을 손꼽아 기다린다. 놀이 날이 되면 미리 준비한 음식과 조리 도구, 그리고 지필묵(紙筆墨)을 챙긴다. 꼭 그런 것은 아니지만 가무의 반주를 위해서 풍물을 가져가기도 한다. 지필묵은 현지에서 화전가를 지을 것을 염두에 둔 것이다. 여성들은 어느 때보다 용모에 정성을 들여서 곱게 단장하고 아침 일찍 길을 나선다. 놀이하는 장소는 보통 마을에서 10리 안팎의 거리에 있는, 산천경개가 수려한 곳이다. 현장에 도착하면 우선 음식을 장만한다. 이미 가져간 음식을 먹을 수 있도록 준비하고 만발한 진달래꽃잎을 한 움큼씩 따와 화전(花煎)을 만든다.

『동국세시기(東國歲時記)』 3월 3일조에서는 다음과 같이 화전을 소개하였다.

"참꽃 진달래꽃을 따다가 찹쌀가루에 반죽을 하여 둥근 떡을 만들고 그것을 기름에 지진 것을 화전이라 한다. 이것이 곧 옛날 오병(熬餅)의 한구(寒具)이다. 또 녹두가루를 반죽하여 익힌 것을 가늘게 썰어 오미자 국에 띄우고 꿀을 섞고 잣을 곁들인 것을 화면(花麵)이라고 한다. 혹 진달래꽃을 녹두가루에 반죽하여 만들기도 한다. 또 녹두로 국수를 만들어 혹 붉은 색으로 물을 들이기도 하는데 그것을 꿀물에 띄운 것을 수면(水麵)이라 한다. 이것을 아울러 시절 음식으로 제사에 쓴다."

화전을 다 부치고 푸짐한 먹거리가 마련되면 본격적인 놀이판이 벌어진다. 판마다 한결같지는 않았지만 음주가무를 즐기고, 시댁 식구 흉보기를 비롯해서 거리낌 없는 담화가 이루어졌다. 음주가무와 자유로운 담화 말고도 신명풀이가 끊이지 않도록 다양한 놀이들이 베풀어졌다. 대표적인 놀이가 윷놀이와 꽃 싸움이다. 꽃 싸움은 진달래꽃의 꽃술을 서로 마주 걸고 당겨서 먼저 끊어지는 쪽이 지는 놀이인데, 때에 따라서는 편을 갈라 승패를 가르고 상주(賞酒)와 벌주(罰酒)를 나누어 마시면서 즐기기도 하였다.

화전놀이는 여성들이 평소 숨겨두었던 다양한 재주를 마음껏 드러내는 경연장이 되기도 하였으니, 놀이판은 연극과 엉덩 글씨, 봉사놀음, 곱사춤과 병신춤, 모의 혼례와 닭싸움 같은 다채로운 놀이로 채워졌다.

다른 한편으로 화전놀이는 화전가의 산실이기도 하였다. 화전가는 일반적으로 서사(序詞), 신변탄식, 봄의 찬미, 놀이의 공론, 택일, 통문 돌리기, 시부모 승낙 얻기, 준비, 치장, 승지찬미, 화전 굽기, 회식, 유흥소영(遊興嘯詠), 파연감회(罷宴感懷), 이별과 재회 기약, 귀가, 발문의 순서로 이루어진다. 이처럼 사실적인 내용을 바탕으로 정회를 담아내는 화전가는 화전놀이의 현장에서 또는 귀가 후에 만들어진다.

화전가를 짓는 데는 두 가지 방법이 있다. 먼저 합작(合作)이다. 여러 명이 일정 부분을 분담하여 지은 뒤에 그것을 합쳐 한 편의 화전가를 완성하는 것이다. 다음으로 개인작이다. 참여한 여성들이 따로따로 화전가를 짓는 것이다. 다 지으면 작품들을 놓고 합평을 하기 때문에 창작자는 자연히 사실성과 문학성에 주의를 기울일 수밖에 없다. 따라서 화전가는 비록 개인작이라고 하더라도 일정하게 공동작의 성격을 지니게 된다.

풍요로운 음식을 먹고 마시며 가무와 놀이를 즐기는 가운데 어느덧 초봄의 해는 뉘엿뉘엿 서산으로 넘어간다. 이제 여성들은 다시 집으로 돌아가야 하지만 아쉬움이 남는 걸 어찌할 수 없다. 다음의 화전가는 이때의 심정을 담고 있다.

"정신없이 놀다 보니 해는 어이 잘 가는고, (중략) 잘 있거라 잘 있거라, 산천초목 잘 있거라. 꽃은 꺾어 손에 들고 잎은 따서 입에 물고, 내려오며 놀아보세. (중략) 그럭저럭 내려오니 해는 지고 달이 솟네. 가련하다 인생들아 몇몇 천을 놀자 하니, 마음대로 아니 되네. 명년 이때 다시 만나 즐거웁게 놀아보세. 다 놀고 헤어지니 섭섭하기 그지없다."

정신없이 놀다가도 때가 되면 집으로 돌아가야 하는 것이 여성들의 운명이다. 그들과 좋은 시간을 함께했던 자연 그리고 동료들과 만남을 지속하고 싶지만 여성들에게 허용된 것은 거기까지이다. 내년의 화전놀이를 기약하며 아쉬운 발길을 돌리는 여성들의 손에는 곧 잘 한 움큼의 봄꽃이 들려 있다.

- 『한국세시풍속사전』 화전놀이 [花煎]

진달래꽃 전 화전놀이는 중국 대표 포털 바이두에도 자세히 명기되어 있다.

화전놀이(花煎游戏)

안동민속박물관 소장 화전놀이 풍경(출처: 바이두)

제주, 안동, 강릉, 여수 등 한국에서 진행되는 전통적 여성 놀이다. 화전놀이는 제주, 안동, 강릉, 여수 등 한국 남부 지방에서 전승되는 전통 여성 놀이다. 처음에는 양반 여자들만 참가했지만, 나중에는 서민 여자들도 참가했다. 음력 3월에 같은 마을이나 젊은 여성들이 모여 경치가 아름다운 가까운 곳으로 가서 진달래꽃(金达莱) 꽃잎을 따서 전을 만들고 밥을 먹고 온종일 산에서 논다.

화전놀이 참가자는 30~60명 정도이며, 일반적으로 명망 있는 중년 여성을 주최자로 선정한 후 "화전놀이 계"에 따라 음식, 과일, 술 등 필요한 물품을 나누어 준비한다. 놀이 도구, 일반적으로 노래, 춤, 시 낭송 및 기타 활동을 한다. 화전놀이는 매일 집에 머무르는 여성의 우울증을 줄일 수 있으며 봉건적 족쇄에서 일시적으로 자유를 얻는 방법이었다[39].

---

39) 花煎游戏: 花煎游戏是韩国南部的济州、安东、江陵、丽水等地流传下来的女性传统游戏。摘来金达莱*瓣做成煎饼，吃完后在山中玩耍一整天。最初花煎游戏限于两班（朝鲜贵族）家的女人们，后来一般平民阶层的妇女也参与进来。阴历三月同村或同族的年轻女人们相约去附近一处风景好的地方，摘来金达莱花瓣做成煎饼，吃完后在山中玩耍一整天。游戏的参加人员约在30~60人，一般选有威信的中年女人为组织者，然后按照'花煎契'来分摊所需要的食物、水果、甜酒等物品，并准备好玩耍时的器具，一般以唱歌、跳舞、诗朗诵等活动为主。花煎游戏可以减少妇女们每天呆在家中的郁闷，是一种从封建束缚中暂时获得自由的方式。

20. 진달래는 마시는 꽃

　진달래꽃을 다른 말로는 '두견화'라고도 하므로 진달래로 담은 술을 '두견주'라 부른다. 진달래꽃은 대한영토 4천 리 산야 어디에서나 피기에 두견주는 신분의 구별 없이 가장 널리 빚어 마셨던 가장 대표적인 '봄철 술'이었다. 두견주는 진달래와 찹쌀, 누룩만으로 만드는 약주이다. 진달래에는 다른 꽃보다 꿀이 많아 술을 담그면 단맛이 난다. 진달래는 천식·해열·류머티즘과 여성 냉증 등 여러 병에 치료 효능을 갖는 것으로 전해진다. 여기에 찹쌀의 풍부한 미네랄이 더해져 약효와 영양가를 갖춘 약술이 된다.

　충남 당진 면천 두견주는 분명한 유래를 가지면서 전통 술 중에서 가장 오랫동안 명맥을 유지하고 있는 술이다. 시작은 고려 개국공신인 복지겸 때로 거슬러 올라간다. 918년 신숭겸·배현경 등과 함께 궁예를 몰아내고 왕건을 도와 고려를 세운 복지겸이 원인을 알 수 없는 병에 걸려 면천에서 휴양을 하고 있었다. 그의 17세 된 딸 영랑은 날마다 아미산(면천 소재)에 올라가 아버지의 병을 치료해 달라고 100일 동안 정성스레 기도하였다.

　100일째 되던 날 밤, 꿈에 신선이 나타나 "아버지의 병을 낫게 하려면, 아미산에 피어 있는 진달래와 찹쌀로 술을 빚되 반드시 안샘(지금 면천초등학교 뒤에 있는 우물)의 물을 써야 하며, 이 술을 100일 뒤에 아버지에게 마시게 하고,

그런 다음에 뜰에 은행나무 두 그루를 심고 지성을 올리면 아버지의 병이 낫게 될 것이다.”라고 하였다. 영랑이 즉시 신선의 말대로 하자 아버지의 병이 씻은 듯이 나았다고 한다. 이후 아미산에 피어 있는 진달래와 안샘에서 나오는 물로 빚은 두견주는 명약으로 알려졌다. 두 그루의 은행나무도 지금까지 보존되어 있으며, 영랑이 정성스럽게 심고 가꾼 은행나무는 지금도 면천초등학교 교정에 서 있다. 1천100년의 수령을 자랑하는 면천 은행나무는 2016년 천연기념물 제551호로 지정됐다.

충남 당진 면천은 맑은 물과 진달래가 유명해 제대로 된 두견주를 만들 수 있는 최적의 조건을 갖췄다. ‘두견주 석 잔에 오 리를 못 간다’는 옛말이 있다. 그만큼 은근하게 취한다는 얘기다. 진달래술, 곧 두견주는 꽃의 향기뿐만 아니라, 혈액순환 개선과 혈압강하, 피로회복, 천식, 여성의 허리 냉증 등에 약효가 인정되어 신분의 구별 없이 가장 널리 빚어 마셨던 국민주였다. 특히 봄철이면 농가와 선비 집안의 아녀자들은 두견주를 빚기 위해 진달래 꽃을 따느라 분주하였다. 두견주를 담가 두면, 질병 치료와 함께 계절변화와 풍류를 즐겼다.

두견주는 충남의 당진이 명산지로 알려져 있으나, 지방에 따라 가전비법에 따라 술 빚는 법에서 약간씩 차이가 있다. 일반 가정의 가양주로 전해오고 있는 두견주는 찹쌀로 빚고 있으나, 형편에 따라 멥쌀로 빚기도 하고 찹쌀을 섞어 빚기도 한다. 두견주는 끈적거릴 정도로 단맛이 강하고 진달래꽃의 빛깔이 그대로 술에 녹아들어 진한 담황색을 자랑하며, 독특한 향취를 간직하고 있어 가향주의 특징을 잘 나타내고 있다고 할 수 있다. 필자도 두견주를 몇 번 마셔보았는데 처음엔 코끝으로 전해지는 은은한 진달래꽃의 향기와 함께 목 넘김이 아주 부드러워 좋았다. 끝 맛이 강하지 않아서 입안에 진달래 연연한 꽃 입술 같은 여운이 혜성의 긴 꼬리처럼 남아 있어 더욱 좋았다.

술을 한 방울도 못 마시는 비주류(非酒流)를 위해 조성태 경희대 한의대 교수의 가르침을 소개한다. 만성기관지염으로 고생할 경우엔 진달래 풋잎 25~50g을 달여 한 번에 먹거나 진달래 가지 50g을 달여 한 번에 먹으면 효과적이다. 고혈압이나 관절염이 있을 때에는 진달래꽃을 설탕이나 꿀에 일주일 동안 재워 놓았다가 하루에 2회 술잔으로 하나씩 먹으면 도움이 된다. 진달래 잎을 채취하여 차로 끓여 수시로 마시는 것도 좋은데, 가을과 겨울에 잎을 채취하여 물에 넣고 살짝 삶아서 그늘에 잘 말린 후에 차로 끓이면 된다.

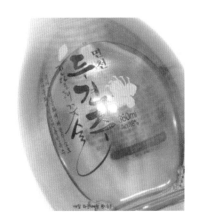

21. 한민족이 가장 즐겨 노래한 꽃, 진달래꽃

김소월의 「진달래꽃」보다 1.5배 더 아름다운 영변 약산 진달래 민요(예사 민요와 차원이 다른 서정시풍).

영변 약산 진달래 민요

영변에도 동대(東臺) 약산대(藥山臺)는 진달래 꽃밭이라
에헤야 에헤야 동대에 동대에 오르라니 꽃을 밟고
꽃을 앗기니 동대에 내 못 오르네 에헤야 에헤야
동대 동대… 동대에 불이 타네 빨간 꽃불이 타네
동대에 오르라니 꽃을 밟고 꽃이 아까워 동대에
내 못 오르네 빨간꽃 불이 타네 에헤야 에헤야
동대는 꽃밭이라 진달래 꽃밭이라
동대에 오르자니 꽃을 밟네 에헤야 에헤야
약산동대 높을시고! 실안개 천겹인 듯 네 얼굴 가리니
진달래 홀로 피고 서로 보지 못하네
동대여 님이 왔네 네 얼굴 고이 들라
하늘 위에 오르라니 하늘 저편 떠가랴나
진달래 홀로 타서 붉다 못해 빨개졌네
약산의 고은 님이 구룡강에 잠들었네

평북 영변 약산 진달래

별들도 유심하여 숨죽여 바라거니
고은밤 아름다운 꿈을 길이 깨지 말고저

영변지방 민요 꽃노래

춘삼월 이른 꽃은 영변의 진달래라 얼른 피어 얼른 지니
두고두고 아까와라
핀 날부터 새빨가니 서도각시 부끄러라
영변의 진달래야 피긴 피되 더러는
더디 피던 못하던가

경북 봉화 꽃타령

영변의 약산 동대 이지러진 바위틈에 진달래야 피었구나
세상 풍정 네 모르리 신세고요 하건마는
그윽한 산골짜기 외롭기 가이없다
화보에 하였으되 무정한 남편에게
소박맞은 신세라니 진달래야 참말이냐
네 모양 추하더냐 네 행실 부정터냐
비금주수 이웃하여 심심산곡 웬일이냐
동원 도리 번화 속에 유자 삼촌 놀건마는
무지한 초동목수 아낌없이 꺾어가니
외로워서 있단 말인가 난리 겪기 일반일네
그중에 열매 없어 꽃 지면 그만이오
아들 낳고 딸 낳기도 그도 또한 틀렸구나
여보소 세상 사람 진달래라 웃지 마소
소박 맞은 아낙네가 인간에도 있을지며
무도한 이 세상의 난리 맞기 다만이라
아들딸 못 낳는 이 인간인들 없소냐
이제 모두 세상 사람 마음대로 못할리니

하필코 진달래라 웃지 말고 동정하고
꽃이라 찾아가니 슬픈 신세 뿐이로다.

영변의 약산 진달래와 관련 일제상점기 잡시 『별건곤』 제20호 1929년
4월 1일, 청오생이라는 필명의 작자가 쓴 「조선각지 꽃 품평회」의 한 대
목을 소개한다.

"조선에서 진달래 명소는 아마 영변의 약산 동대로 첫손가락을 꼽을 만할 것이다. 약산
동대의 진달래는 물론 꽃이 좋기도 좋지만 그보다도 '영변의 약산동대 - 진달 화초가 만발
하얏다...'라는 노래로 하야 넓히 선전된 까닭이었다.

그것은 마치 '천안 삼거리 능수버들은 제 멋에 지위서 척 느러젓다...'는 노래가 잇기 때
문에 능수버들 한 주도 업는 오늘날까지도 천안삼거리하면 의례 능수버들의 명소로 아는
것과 마찬가지다.

경기도에는 수원 화산의 진달래가 저명하였으니 자고로 산 이름을 화산(花山)이라 하고
수원 8경에 화산 두견이 1위를 점한 것을 보와도 가히 짐작할 수 잇다. 경상도에는 안동군
하회마을의 부용대 진달래 또한 명성이 높으니 하회는 원래 서애 유성룡의 본향으로 산수
가 아름다운 중 특히 부용대는 강상에 임한 절벽으로 진달래가 많이 있어서 꽃이 만발할 때
에는 그 꽃이 모두 강에 비쳐 이른바 두견화 만발하여 강이 붉다의 기이한 경치에 이르니 참
으로 영남의 제일 명소라 하겠다.

황해도에는 장연의 약산인 두견산이 또한 진달래 명소니 산 이름을 두견이라 한 것도 이
진달래가 많은 까닭이었다. 강원도에는 원래 산이 많은 까닭에 모든 산이 진달래 명산이다.
특히 춘천의 삼학산 진달래가 가장 볼 만한 것 같다. 그 산은 원래 암석으로 된 장대한 산으
로 한강 상류에 임하여 잡목이 총생한 중에 진달래나무가 특히 많아 큰 것은 높이가 10여척
씩 되는 자가 있는데 꽃이 필 때이면 만산에 모두 꽃밭이 되고 그것이 강에 비치우면 강도 또
한 꽃 강으로 변하여 상하가 도시 꽃 세계로 변하여 천하기관(天下奇觀)을 나타낸다. 다만
아직까지 교통이 불편한 까닭에 넓히 세상에 선전되지 못한 것이 한 유감이다."

호남지방 민요 화전가

아애야 물어 보자 꽃 중에 무슨 꽃이
색도 좋고 맛도 좋아 만화 중에 제일이냐
색미가 구전하여 백사를 제폐하고
지기지우 작반하야 인간구실 할 터이니
조금도 기만 말고 바른대로 일러다오
모춘삼월 산야회가 형형색색 다 좋으나
그중에 제일화는 두견화가 제일이라

강릉단오제 「꽃굿노래」

연꽃이 좋다 하여도 연못 안에 늘어지고요
버들꽃이 좋다 하여도 눈비 맞아서 부러지고요
설중매화가 좋다 하여도 눈비 맞아서 부러지고요
해바라기가 좋다 하여도 해를 안고야 돌아가고
외철쭉 진달래야 이산 저산 만산중에 봉지봉지 피었구나.

전남 장성 지방 민요

꽃아 꽃아 진달래꽃아
육지 평지 다 버리고 촉촉 바위에 너 피었나.
육지 평지 내사 촉촉 바위가 본색일세

충북 경북 나무꾼 신세 타령(봉덕이 타령)

찌구 문경새재 비티리질루 고비 고사리 꺾으러 가네
에구 딸아 춘삼월이라 호시절이 됐나
진달래는 만발했구 두견새는 쌍 지어 날과 같이 슬피 우네

경기도 고사소리

무슨 화초를 심었더냐
애철쭉이며 진달래 맨드라미 봉선회
충신이라 충군자 목단이며
춘란이며 추국이며 이화 도화 복숭아

경북 경주군 진달래꽃 민요

연 달래(철쭉) 꽃 주까
지게 달래(진달래) 꽃 주까
연이나 꽃이나 다 주까
(진달래꽃과 철쭉꽃으로 꽃방망이를 만들어서 돌리며 부르는 노래)

정선 아라리 진달래

여기 앉은 아저씨들은 내 눈알루 돈다
개나리 진달래가 만발하거든 가자구 하더니
온 산천이 어우래져도 가잔 말이 없네

경남 의령군 논매는 소리 진달래

이 논빼미 궁구다 보니
오뉴월에 삼복 시절
우리 농부가 떨어졌네
뒷 동산에 진달래는
이삼월이 다 지났던가

강원 횡성군 모심는 소리

시화 에이여 연풍 조화키는 우리 에이 마을이 영화로다
봄이면 에이여 진달래요 가을 에이 이면은 오곡일세
오뉴 에이여 월에 흘린 땀이 구시 에이 월엔

충남 예산군 덕산면 광천리 남은들 - 고사축원

삼간에 삼간 초당 삼간을 지여 놓고
화초 없어 못 쓰겠네 워떤 화초를 심었더냐
진달래 맨드라미나 봉선화 모란에 방초 음불
도화는 벽상초라 여기 저기 심어

경북 포항시 흥해읍 민요

꽃아 꽃아 참꽃아 이산 저산 피는 꽃이
우리 처녀 브롤레리
꽃아 꽃아 참꽃아 그늘 밑에 피는 꽃은
이 꽃으로 끊어다가 머리 위에 꼽아노니
범나비도 꽃을 따라 머리 위로 넘노난다

평안남도 증산군 나무 타령

아흔아홉엔 백자목이면 적막강산에 시장낭구 만리타국에 고향목 이 낭구 저
낭구 노가지 향낭구 진달래 만발허구나 쳐다보느냐 만학천봉 내리 굽어보느냐
사지땅이라 허리 후꾼 늙은 장송은 광풍

가요

유도순(劉道順)

신달래꽃 필 때에 오신다든 님 / 진달래 떠러져도 아니 오시네
기다림에 세봄은 어느듯 가고 / 진달래 필 때마다 슬피웁니다.
진달래꽃 해마다 픠는걸 보면 / 봄마다 기다림도 맘에 새롭네
진달래꽃 그 봄은 헤여가면서 / 쓸쓸한 꿈을 안고 살가합니다.

화산(花山)과 적성강(赤城江)

양상은(楊相殷)

화산은 바위로만 쌓이엇는데
그사이 사이사이 붉은장식은
진달래 아리따운 진달꽃이라.
그아래 적성강물 감돌아든데
새파란 수면에서 떠도는 것은
해오리 새 하얀 해오리떼라.
예전에 선녀들이 놀러오면은
진달꽃 한아름을 보듬고와서
새파란 물우에다 뿌리고간걸.
산에도 진달래꽃 강도 진달꽃
우아래 산도물도 붉은빛이라
그래서 화산되고 적성강인걸.
지금도 진달래꽃 물에떠돈데
천상의 선녀들은 간데가없고
한가한 해오리만 오고가는걸.

22. 한민족이 가장 즐겨 그린 꽃, 진달래꽃

조선 최고의 풍속화가 신윤복이 가장 많이 그린 꽃

(왼쪽 위부터 시계방향으로) ① 신윤복, 선술집 주변에 진달래가 피었다(주사거배) ② 신윤복, 바위에도, 여인의 머리에도 피고 놓인 진달래 ③ 신윤복, 소년이 진달래꽃을 꺾는구나(소년전흥) ④ 신윤복, 꽃놀이하는 뒷동산에 핀 진달래(상춘야흥)

조선 시대 천재 화가 신윤복(申潤福, 1758년~)은 여자일까? 영화 '미인도'와 TV 드라마 '바람의 화원'은 그를 여성으로 설정한다. 신윤복의 화풍과 스타일에서 섬세한 여성미가 느껴지기 때문이다. 하지만 신윤복은 여자가 아니다. 신윤복은 도화서 화원 신한평의 다섯째 아들이라고 가계도와 족보에 명기돼 있다.

신윤복은 김홍도, 김득신과 더불어 '조선 3대 풍속 화가'로 불린다. 그런데 김홍도와 김득신은 풍경을 거의 그리지 않았으나 신윤복은 사람과 풍경과 풍속이 함께 어우러진 풍속화를 그렸다[40]. 그런 의미에서 필자는 신윤복을 조선 최고의 풍속 화가로 첫손가락에 꼽고 싶다. 신윤복은 여인과 꽃을 즐겨 그렸다. 꽃 중에서도 제일 많이 그린 꽃은 다름 아닌 반만년 유구한 대한 영토 4천 리 시공에 피어나는 꽃 진달래다.

대한 영토 4천 리 반만년 한민족이 가장 즐겨 그린 꽃

조선시대 문인화, 민화 등 모든 그림 속에 나타나는 화훼 식물은 모두 48종 154회로 출현 빈도는 다음과 같다.

1위 매화, 연꽃(8회), 3위 모란, 국화(7회), 5위 진달래(6회), 6위 장미(5회), 7위 난꽃(4회), 10위 작약, 철쭉, 찔레꽃, 수선화 맨드라미(각 3회)다. 그밖에 개나리, 금등화, 꽈리, 나팔꽃, 명자, 물레나물, 삼백초, 수수, 수련, 순채, 억새, 여뀌, 강아지풀, 질경이 등 서민에 친숙한 민화에 1~2회 나온다[41]. 조선시대 그림에 진달래는 매화와 연꽃, 모란과 국화 등 사대부들이 애호하는 꽃들 다음으로 많이 그려진 꽃이다. 진달래는 양반과 평민, 남녀노소 가릴 것 할 것이 누구나 좋아하는 꽃임을 알 수 있다.

비단 구한말 이전뿐만 아니다. 진달래는 현재 남한과 북한 만주로 갈라진 한민족 생존권역에 국가와 정부, 체제와 이념 구별 없이 남한과 북한, 그리고 연변 조선족 자치주와 러시아의 연해주 거주 현대 한민족 화가들이 가장

---

40) 『혜원풍속화첩』 30점 중 진달래는 4점에 그려져 있고 국화와 연꽃은 각 1점에 그려져 있다.
41) 경기대학교 박물관, 『한국민화도록(한국민화도①)』, 2000
　　고려대학교 박물관, 『고려대학교 박물관 명품 도록』, 2007
　　국립민속박물관, 『민화와 장식병풍』, 2005 등 참조

즐겨 그리는 꽃이다.

(왼쪽부터) ① 한국 현대 화가 강정자, 「진달래가 있는 풍경(유화)」 ② 북한 공훈 화가 오영성, 「고향의 언덕에서(조선화)」 한민족 꽃 진달래와 북한 나라꽃 목란을 함께 그려 놓은 게 의미심장하다. ③ 러시아 연해주 거주 유명 고려인 화가 변월룡 「진달래(유화)」

조선 시대 유일한 무궁화 그림? 알고 보니 중국의 국화 격 모란

근세 조선 시대까지 남겨진 그림 중 유일하게 확인할 수 있는 무궁화 그림은 조선 말기 도화서의 화원 유숙(劉淑, 1827~1873)이 민화풍으로 그린 작품 「장원홍(壯元紅)」이다.
- 『조선일보』, 2017년 7월 29일, 서효원의 「시시콜콜 과학사 무궁화 이야기」

행정안전부 산림청 홈페이지, 문화관광체육부 산하 한국콘텐츠진흥원, 한국학중앙연구원, 한국민족문화대백과사전, 네이버 백과, 위키 백과, 나무위키, 조선일보, 동아일보 등등 국내 무궁화 관련 텍스트와 매체들은 입을 맞춘 듯 '조선 후기까지의 회화 작품 중 유일하게 남겨진 그림, 유숙(1827~1873) 작품 장원홍이다'라고 게재해 놓고 있다. 그러나 그림 왼편 상단의 그림 제목 「장원홍(壯元紅)」은 '나는 모란이다'라고 말해 주고 있다.

한국 진달래 시비

부천 원미산

강화 고려산

김포 가현산

대구 비슬산

길림 연변 비암산

서울 도봉구 은미동

일본 무궁화 시비

장원홍은 중국의 국화 격인 모란의 대표 품종으로, 시진핑 중국 국가주석의 부인 펑리위안의 고향 산둥성 허쩌의 특산 모란이자 모란중의 으뜸이라 붙여졌다. 중국사람 대다수는 모란을 장원홍이라 부르고 있다. 네이버 백과는 2019년 아주경제 칼럼과 2020년 출판한 책, 『무궁화의 두 얼굴』에서 필자의 지적을 수용해 "구한말 '무궁화' 그림으로 잘못 알려져 있으나, 무궁화가 아닌 중국의 '모란'이다."로 수정했다[42].

만시지탄이지만 '네이버 백과'에 고마움을 표한다. 그러나 네이버 백과 이외 모든 온·오프라인은 무궁화 한반도 고유 꽃이라는 날조를 짜 맞추기 위해 그림 왼편 상단에 장원홍 모란을 조선 시대 유일한 무궁화 그림이라고 적고 있다. 혹시 중국인이 자기네 나라꽃 격인 모란을, 게다가 그림 제목에 버젓이 장원홍(모란)으로 적혀 있는 걸, 한국의 지성이 한국의 나라꽃 무궁화로 둔갑시킨 장면을 목도하면 뭐라 할 것인가? 언제나 부끄러움은 국민의 몫인가? 어서 빨리 바로잡기 바란다.

예나 지금이나 일본의 유명 화가들이 즐겨 그리는 꽃, 무궁화

미술에서 한국의 무궁화는 구한말과 일제 강점기 이후 '갑툭튀'지만, 일본의 무궁화는 터줏대감 겸 오타쿠다. 회화로만 본다면 현대 회화는 말할 것

---

42) https://terms.naver.com/entry.naver?docId=1793006&cid=49391&category-Id=49391&expCategoryId=49391

도 없고 20세기 이전 일본의 부웅화 유명 회화는 삭품의 수는 200점이 넘는다. 그중 우리나라 신윤복과 같은 시대의 일본 에도 시대 양대 유명화가 사카이 호이츠(酒井抱, 1761~1829년), 마츠무라 케이분 (松村景文, 1779년~1843년)의 「목근도」와 일본 제국주의 극성기 쇼와 시대의 대표 화가 이토 산수이 (伊東深水, 1892~1972년)의 1928년 작[43] 「목근도」가 유명하다.

① 사카이 호이츠(酒井抱, 1761~1829년) 「木槿図」
② 마츠무라 케이분(松村景文, 1779년~1843년) 「木槿図」
③ 이토 산수이(伊東深水, 1892~1972년) 「木槿図」, 1928년(소화 3년)

　한국의 모든 국가 상징을 지배하고 있는 무궁화 그림은 앞에서 지적한 유숙의 '장원홍' 그림으로 오도한 것 외에는 단 1점도 나오지 않는다. 문학과 예술을 잇는 다리, 동양의 추상화라는 서예에서도 구한말 이전 한반도의 시공에서 무궁화의 '근(槿)'은 단 한 글자도 나오지 않는다. 비단 회화나 서예에도 찾아볼 수 없다. 구한말 이전 옛 우리나라의 모든 건축, 조각, 암각화, 칠기, 목기, 자기, 유기 등과 복식, 침구, 병풍, 부채, 생활용품의 와당 벽화 문양 등을 포함한 미술품과 문화재와 유물은 물론 골동품에도 무궁화는 흔적도 없다.

---

43) 1928년 1월 18일 다나카 기이치 일본 총리대신은 자산의 고향 야마구치현 하기시 남동쪽 가와카미 촌 아부강 상류에서 자생하는 무궁화 군락을 국가천연기념물로 지정했다. 무궁화는 1928년을 기점으로 일본과 식민지 한국의 모든 정치, 경제, 사회, 문화 전반에 절정기를 구가했다.

위에서 살펴본 바와 같이 왜, 어째서 예나 지금이나 한국에 진달래 미술품은 많은데 무궁화 미술품은 전혀 없거나 희소할까? 한마디로 진달래는 반만년 대한 영토 4천 리 시공에 지천으로 피어나 한민족의 역사와 문화 정서에 부합한 데 반하여 무궁화는 전혀 그렇지 않기 때문이다.

그렇다면 왜 어째서 예나 지금이나 일본에 무궁화 미술품은 많은데 진달래 미술품은 전혀 없을까? 마찬가지로 무궁화는 8세기부터 토착화돼 산야와 도시, 신사와 사찰, 공원과 거리 일본 전역에 피어나 일본 민족의 역사와 문화 정서에 부합하고 진달래는 대마도를 제외한 일본 본토에는 전혀 없는 꽃이기 때문이다.

대한민국의 모든 국가 상징을 독점 지배하는 무궁화는 1896년 11월 21일 애국가 작사자이자 무궁화 국화 지정자 윤치호가 '무궁화 삼천 리'를 언급한 이후 2023년 3월 현재 약 128년간 국내 가짜 텍스트와 언론 매체에만 피어 있을 뿐이다. 각계각층에서 무궁화 보급 운동을 수십 년째 몰입하고 있는 현대에도 무궁화 미술품이 희소한 까닭은 무궁화가 근본적으로 한민족의 정서에 전혀 맞지 않기 때문이다.

한국의 무궁화처럼 193개 유엔 회원국은 물론 세계사상 한 국가의 모든 국가 상징을 독점 지배하는 사물은 전무후무하다. 대한 영토 4천 리 진달래를 비롯한 3,500여 종이나 되는 아름다운 우리나라 자생종 꽃은 외면한 채 하필이면 꽃으로 위장한 전범기 무궁화를 대한민국 국가 상징 독점 지배 꽃으로 모시면 되겠는가?

23. 진달래로 나라꽃을 바꾸자

"무궁화가 국화(國花)라는 허무맹랑한 자기기만에 빠지지 말고, 한국인의 정서와 풍토에 가장 알맞은 진달래로 바꿔야."

지금으로부터 67년 전, 1956년 2월 8일 『조선일보』에서 이민재 서울대 식물학과 교수(문리대학장) 두견이 피를 토하듯 호소.

해방 이후 무궁화의 국화 자격 시비는 1956년 2월 시작했다. 화훼 연구가 조동화(趙東華) 선생이 『한국일보』 1956년 2월 3일 자에 무궁화 부적격론을 제시했다. "무궁화가 국화인가, 무궁화가 국화라면 과연 누가 지정했는가, 국화로서 최적인가?" 한국의 국화인 무궁화가 국화 식물로서 과연 적격인가 하는 문제는 해방 직후부터 자주 화제가 되어 왔다. 더는 몰라도 생물학에 관계된 분들 사이에는, 그리고 그때의 공통된 견해가 국화로는 부적합하다는 것으로 되어왔다. 그 당시 군정청의 문교부 측에서도 국화 무궁화에 이의가 있었던지 이 꽃에 대치될 만한 다른 식물을 생물학회에 의뢰해 온 적이 있어서 학회에서는 진달래(두견화)를 후보로 제시했다.

해방 이후 국화 문제가 더 깊이 논의되지 못한 것도 말하자면 당시 혼란한 상황에서 정치적 오해를 불러일으킬 소지가 있었기 때문이었다. 즉, 무궁화에 대한 관심은 1894년 갑오경장 이후 구미의 신문화가 밀려오면서 오얏꽃의 대한제국 황실화에 대한 반감에서 비롯된 것이다.

무궁화가 국화로는 부적합한 치명적인 결점이 있다.

첫째, 무궁화는 38선 이남에 주로 피는 꽃이라는 것이다. 정태현 박사의 『삼림도감』에 의하면 무궁화는 전남북, 충남, 경기 경북 황해도 등 6도에만 자생하는 식물로 돼 있다. 이 같은 지역적 한정성이야말로 국화가 갖추어야 할 필요 조건을 구비치 못한 셈이다.

둘째, 원산지가 우리나라가 아닌 인도나 남중국이다. 국화가 외래 식물이라는 것은 아무래도 어울리지 않는다.

셋째, 진딧물이 많이 붙어 건강하거나 청결하지 못하고 단명하는 꽃이다. 그래서 중국이나 일본에서는 '목근하 일일영'이라 하여 단명허세의 표본으로 인용하고 있다.

넷째, 휴면기가 너무 길어서 모든 꽃들이 움트는 봄에도 대추나무 못지않게 그대로 죽은 듯이 잠자는 태만한 식물이며, 꽃나무의 품종 또한 빈궁하기 짝이 없다. 꽃피는 시기가 여름부터 가을까지라 오래 피는 꽃 같지만, 가을 꽃 중에서도 꽃은 물론 잎까지도 제일 먼저 시드는 실속 없는 식물이다. 꽃이 지는 낙화상이라도 좋았으면 하는데 산화도 아닌 병적으로 시들어 떨어지는 꽃잎으로의 추함은 화랑답지 못하다. 끝으로 한국에 꽃 피는 식물이 2천 종이 넘는 판에 하필 무궁화를 국화로 선택한 것은, 심미안들이 참혹하게 열등하다는 증거며 이는 마치 아이를 버리고 태를 두었다 쓰는 격이다.

저명한 식물학자 이민재(李敏載) 서울대학교 생물학과 교수가 조동화의 의견에 적극 동조했다(『조선일보』 1956년 2월8일 자). 이민재 교수는 무궁화는 국화로서 적당하지 않을 뿐만 아니라, 무궁화가 국화로 지정된 일도 없고 공식적으로 인정받은 일이 없는 꽃이라고 못을 박았다. 진달래를 새 국화로 추천하면서 국화가 될 만한 조건을 제시했다.

무궁화를 누가 국화로 지정했으며 공식적인 인정을 받았느냐? 그것은 참으로 중요하고 근원적인 질문이 아닐 수 없다. 이 교수는 무궁화는 교과서에서나 우리나라 꽃이라고 표현하고 있을 뿐, 국민적 합의나 법률 규정 또는 그에 준할 만한 과정을 거쳐 국화가 된 꽃이 아니라고 강조했다.

국화 무궁화론 재검토

이민재 서울대 식물학과장

조동화 씨의 무궁화의 국화를 읽고

목전 한국일보 2월3일, 4일에 게재된 조동화 씨의 무궁화에 대한 논의를 읽고 동감인 입장에서도 또 이 문제는 해방 직후부터 필자가 직접 취급한 일도 있었던 관계로 전부터 생각하고 있던 것을 몇 마디 적기로 한다.

무궁화가 과연 국화로서 국화성 또는 식물학적인 타당성을 가지고 있는가, 불연이면 어떤 것을 국화로 하는 것이 좋을까 하는 문제가 역시 여러 차례 토의 대상으로 된 것도 사실이고 또 구체적인 식물들이 등장되기도 했다.

그러나 타면에 있어서 아직 국토로 통일되지 않았는데 하는 생각도 있었고 더욱 중요한 문제는 일제에 짓밟혔던 민족적 감정이 겨우 자기 것을 찾아 태극기를 보고 그림에 눈물을 흘리고 무궁화를 민족의식을 더욱 새로이 하고 애국가나 심지어는 홍난파 씨의 '울 밑에 선 봉선화야'만 들어도 무엇인지 모르게 피가 뛰는 민족의식을 폭포수와도 같이 내뿜을 때 비록 무궁화꽃이 국가로서 부적당하다고 해서 다른 꽃으로 바꾼다는 일이 당시의 감정으로 보아 현명한 처사일 수는 없었던 것 등의 여러 가지 이유에서 그 당시로는 시기상조인 감이 없지 않았다. 그래서 묻어둔 것이 오늘에 이르렀던 것이다.

벌써 해방도 10년이 지났고 모든 것이 과도적이 형태를 벗어나 재검토를 받아야 할 때도 온 것 같고 때마침 조동화 씨의 의론이 나왔으니 이때에 이 것을 공론에 붙여 재검토할 필요성을 느끼게 된 것이다. 무궁화가 왜 국화로서 적당하지 못한가 하는 것은 대체로 조동화 씨의 논지에 어긋남이 없으며 실제에 식물학적으로도 정확한 것이고 또 해방 당초부터 우리들 사이에 벌어진 논지와도 같은 것이다. 따라서 우리들 식물학도의 공의는 무궁화가 국화 식물로는 부적당한 것으로 되어있다.

우선 국화 식물로서의 전제 조건은 많겠으나 그중 중요한 것을 들어오면

1. 국토 전역에 분포될 것이 요구되고

2. 될 수 있으면 한국 원산종으로 민족을 상징할 수 있는 것이어야 하며

3. 민족과 더불어 역사적인 친교가 있어야 하며

4. 이름이 고울 것은 물론 꽃이 또 그것대로의 아름다움을 지녀야 할 것 등 여러 가지의 조건에 비추어볼 때 무궁화는 그 어느 하나의 조건도 구비치 못한 식물이다. 그럼 어떤 식물이 여기에 가장 적합하는 것이 문제가 된다. 옛날부터 우리 민족과 관계 깊었다는 식물은 사대사상에 오는 기호인지는 모르나 대개 중국에서 물려받은 사군자인 매란국죽이나 그와 비슷한 모란이나 연 따위의 준군자식인 식물들이다. 그러나 이런 식물들은 어느 것이 한국적인 풍토밑엣 볼 때 국화로서의 자격은 없는 것이다.

즉 무궁화만 보더라도 한국의 풍토로 볼 때 조동화 씨가 지적한 바와 같이 원래 아열대 지방 원산인 식물이므로 우리 국토에는 맞지 않는 것이 당연하다. 따라서 사군자나 준군자 중에서 국화로 내세울 만한 것을 찾아볼 수 없다. 그러나 어느 모로 보든지 가장 알맞은 것에 진달래가 있는 것 같다.

진달래란 일반적 명칭은 천지꽃이나 두견화나 곳에 따라 각각 다르며 더는 이 진달래의 어원적 해석이며 역사적인 유서에 대해서는 그쪽 사학자나 언어학자에게 맡기기로 하더라도 우선 식물학적인 면으로만 볼 때 우리의 풍토에 알맞은 식물에 진달래가 제일인 것 같다. 사실 이 꽃과 우리 민족과의 교섭은 실생활 면에서나 정서 면에 아주 깊어서 필자가 아는 한도 내만 하더라도 오랜 옛날부터 전하여 오는 3월 3일의 화전놀이는 떡에 진달래의 분홍꽃잎을 넣어서 많은 촉매적 역할을 한 꽃임에 틀림없다. 또 종류도 대단

히 많아서 우리나라만 하더라도 30여 종이나 되고 전 세계에는 3백 종도 넘는다. 이의 분포는 백두산에서부터 한라산에 이르는 전 국토에 걸쳐있으며 그 분포가 풍부하여 봄철에 이르러 만산 진달래는 아름다운 우리 강산이라는 인상을 깊이 주는 것이다.

앞에서 말한 바와 같이 품종이 많은 것만큼 꽃도 각색이나 이 꽃의 특징은 어느 종류나 간에 그 품이 담담하고 청초한 감을 주는 것이 좋고 또 봄이 되자 다른 식물들이 대부분이 잠자고 있을 때 마치 선구자처럼 제일 먼저 찬바람에 아름다운 꽃을 피우는 부지런함이 좋은 것이다.

광복 10년 모든 것이 재검토되어야 할 때 이때 이제는 국화에 대해서도 좀 더 진지하게 생각해야 할 때도 왔다고 본다. 왜냐하면 국화란 실재적인 것이면서도 관념적인 것이므로 이것이 미묘하게 국민정신에 작용하는 많기에 전혀 무실한 것을 엉터리없이 과장화 한다든가 또 무의식중에 잘못 전하여질 때는 필경 허무맹랑한 자기기만에 빠지기 쉽기 때문이다. 국화를 바꿔야 될 것이라고 생각하던 차에 조병화 씨의 논의에 부쳐서 몇 마디 적는 것이다.

- 『조선일보』, 1956년 2월 8일

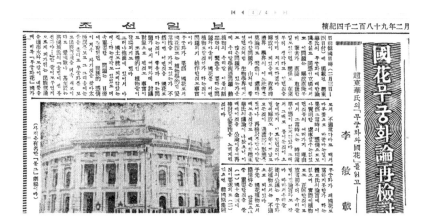

무궁화를 진달래로

아동문학가 윤석중

원산지가 아열대 지방이라는 무궁화는 우선 국산이라야 될 첫 조건에서 실격이다. 꽃이 질 때 추할뿐더러 그 빛깔도 흐리멍덩하고 그나마도 황해도 이북 지방에서는 자연생을 구경할 수 없다고 하니 이래저래 국화로서는 낙제다. 다만 한 가지 취할 수 있는 것은 무궁이라는 그 이름인데 이것도 어느 식물학자 말을 들으면 꽃이 흉해서 궁내에는 심지 않는 꽃이 되어 무궁화(無宮花)로 된 모양이다. 근화(槿花) 목근(木槿)으로도 불리우는 이 꽃은 계속해서 자꾸 피기는 하나 그대로 지고 그대로 지고 하므로 덧없는 꿈을 나타내는 꽃이기도 하다. 우리나라 어디서든지 피어서 평민적이요 봄의 선구자인 아름다운 꽃 진달래가 무궁화보다도 우리나라 국화로서 합당하다고 본다. 1960년 9월 제5대 국회가 개원되자, 김영삼·박준규·김재순 등 민주당 신·구파 젊은 의원들은 전근대적인 유산인 애국가를 털어내야 한다고 주창했다. 애국가는 국가가 아닐뿐더러 그 가사가 좋지 않고 지극히 전근대적인 상징이기에, 무궁화는 진달래 등 좀 더 우리 민족성을 나타내는 다른 꽃으로 4·19혁명을 계기로 깨끗이 고쳐버려야 한다는 의견을 공동 발표했다.

- 『경향신문』 1960년 9월 16일

경향신문 무궁화 여론조사: 나라꽃을 바꾸자 54%, 나라꽃을 진달래로 바꾸자 48%

찬바람이 가실 무렵인 3월 중순이면 푸릇푸릇 진달래가 피기 시작한다. 양지바른 산등성이나 바람 잔 계곡에는 이때면 벌써 소담하게 진달래가 피어 있다. 수수한 인상이지만 은근하게 안겨 오는 정서가 깃든 꽃, 지리적으로는 우리나라 어디서나 볼 수 있게 분포되어 있다.

1964년 2월 12일 경향신문 5면 여론조사

이병도 국사편찬위원장(1964년 당시)마저 무궁화 국화 자격 없다. 진달래로 바꿔라!

무궁화가 우리의 국화로 좋게 생각합니까?
좋지 않다면 달리 어떤 꽃으로 선택했으면 좋겠습니까?

1964년 2월 12일 경향신문 여론 조사
국화 바꾸자 54%, 무궁화 그대로 42%

국화를 새것으로 바꾸자는 편은 54%나 된다. 그들은 무궁화의 색깔이며 그 분포성, 지저분한 모양, 볼품없는 생김 등을 못마땅해했다. 무궁화를 국화로 삼게 된 유래는 쉽게 알 수 없다. 식물학자 박만규 교수(가톨릭 의대)는 "역사적으로도 아무런 기록이 눈에 띄지 않는다."라고 말하고 있다. 그저 옛날에 누가(높은 직책에 있던) 그의 취미에 따라 무궁화가 좋다고 한 것이 오랜 세월을 두고 그렇게 생각되어 오지 않았겠냐는 것이다. 아무도 모르게 무궁화는 국화의 구실을 하게 된 것이다. 박 교수는 무궁화의 흠을 이렇게 지적했다.

① 벌레가 잘 끼고 지저분하다.
② 우리나라 고유의 꽃이 아니다.

문학 평론가 백철은 좀 더 아름답고 또 고유한 꽃을 새로 지정하자고 말한다. 화가 천경자 여사는 무궁화의 단점을 이렇게 지적했다. "그 불투명한 빛깔, 지저분하고 오래 피는 모습이 좋지 못하는 면을 말해 주는 것 같다." 이병도, 유준열 교수 등 사학자와 김원룡 교수(서울 문리대, 고고학), 최호진 교수(연세 상경대), 송병옥, 이진구, 김기두 김태길 교수, 장학룡 조인현 문학가 등도 모두 국화를 바꾸자고 목소리를 높였다. 그들은 무궁화의 지저분한 모양, 볼품없는 생김새 등 못마땅해했다.

진달래 국화론

국화를 바꾸자는 파의 48%는 진달래를 새 국화로 선택하고 있다. 소설가 김리석 씨는 "진달래는 어디서나 필뿐만 아니라 우리 민족성을 상징하는 것처럼 소박한 데가 있다."라고 그 꽃을 찬양했다. 이병도 박사(당시 국사편찬위원장)는 "우리나라에 제일 많고 화려하기 때문에" 진달래가 제일 좋다고 했다. 소설가 강신재 씨는 "싱싱하고 정결하고 향기로운 꽃, 우리나라 어디서나 많은 꽃, 여러 사람이 사랑하는 꽃, 이런 조건들 중에서 어느 하나쯤에는 해당하는 것이어야 한다."라며 국화의 조건을 들었다.

그 밖의 꽃으로는 배꽃, 들국화, 도라지꽃, 동백꽃, 연꽃, 철쭉, 국화, 목화 등의 순을 들고 있다. 최영환 음악 평론가는 유달리 인삼꽃을 국화로 하자는 주장을 펼쳤다. 설문조사 가운데 무궁화를 그대로 두자고 하는 42%도 구태여, 즉 새 국화를 지정한다면 진달래가 좋겠다고들 말했다. 무궁화가 그대로 두자는 사람들은 한결같이 무궁화의 품종 개량을 당부했다. 나운영(작곡가)은 무궁화의 도안이 '사쿠라'와 비슷하게 보이지 않도록 하라는 말을 덧붙였다. 이은상 민족문화협회장도 같은 날 조선일보에서 열린 좌담회에서 병 많은 무궁화보다는 우리의 동산에 어디에나 피어 있는 진달래를 국화로 바꾸자고 촉구했다(조선일보 1964년 2월 11일 3면).

김영삼 정부 시절인 1996년 10월 11일, 김화남 국회의원(무소속 경찰청장 출신)은 총무처 국정감사에서 애국가와 무궁화의 교체를 주장했다. 그는 "우리 민족이 언제나 동해 물과 백두산이 마르고 닳도록 없어지는 극한적인 상황을 전제로 살아야 하느냐"며 국가는 곡과 가사의 분위기가 침울하기보다는 밝고 희망적이고 민족의 의지가 담겨야 한다고 강조했다.

김화남 의원은 무궁화에 대해서도 "무궁화를 사랑해 집에 심는 사람이 없다. 우리 땅 어디에나 심어도 잘 자라고 국민들이 모두 좋아해 꽃이 만개했을 때 국민적 축제를 벌일 수 있는 꽃으로 대체해야만 한다."고 주장했다. 그는 이어 "아직 우리나라가 국가와 국화를 공식적으로 지정하지 않은 채 관행적으로 사용하고 있는 것은 주권 국가로서 부끄러운 일"이라며 광복 50여 년이 지난 현시점에서 새로운 상징물로 대체해 공식 지정할 것을 촉구했다.

　이에 대해 조해녕 총무처 장관은 "애국가가 나름대로 우리 민족의 정서를 대변해 온 점을 무시할 수는 없다"고 말하고, "국가상징자문위원회에서 다각적인 검토를 벌이고 있다"고 밝혔다[44].

44) 『경향신문』, 1996년 10월 11일(5면), 김화남 의원, 「애국가 무궁화 새 상징물로 바꿔야」

24. 한국통사 진달래 운문 33선

진달래 한국 전통 시 (고려가요, 시조) 5선[45]

1.
삼월 나면서 활짝 핀 / 아! 늦봄의 진달래꽃이여
남이 부러워할 자태를 / 지니고 나셨도다.
아! 동동다리

- 고려 가요, 「동동」

2.
간밤에 슬슬 동풍 얼마나 불었던고
곳마다 진달래꽃 새들은 노래로다.
꽃송이 서러운 맘이야 일러 무삼하리오

- 정씨(鄭氏)부인, 「진달래꽃」

3.
간밤에 불던 바람 봄소식이 완연하다
붉은 것은 진달래요 푸른 것은 버들이라
아이야 나귀에 술 실어라 봄 마중 가자

- 무명 씨

---

45) 무궁화를 읊은 전통 한국 전통 시는 단 1수도 없다.

4.
두견화 만산하여 춘풍에 흩날릴 제
청로에 술을 싣고 산수 간에 노는 맛과
초당에 명월청풍이야 어느 그지 있으리.

- 무명 씨

5.
고송기석 두 사이에 어여쁠 손 저 두견아
봄꽃이 붉은 것도 오히려 다사커든
어찌타 가을 잎이 또 붉어서 송석 우음 받느니

- 안문영, 「금옥총부」

진달래 한시 8선

1.
창밖에서 우는 새야(窓外彼啼鳥)
어느 산에서 자고 왔는가(何山宿便來)
응당 산중 일을 알 터이니(應識山中事)
진달래가 피었던가 안 피었던가(杜鵑開未開)

- 죽서 박씨

2.
진달래꽃 핀 곳에 염소를 치네(杜鵑花發牧羊牛)
호사롭던 그 옛날 그려 보나니(神古憶得繁華夢)

- 황진이, 「등만월대회고(登滿月臺懷古)」 46)

---

46) 부운거사와의 첫사랑의 홍역을 지독하게 치르고 난 황진이가 부운거사와의 모든 추억을 떨쳐 버리려고 진달래 피는 어느 봄날 만월대에 올라 인생무상과 허무를 슬퍼하며 지은 시다.

3.

원통한 새 한 마리 궁중에서 나온 뒤로(一自冤禽出帝宮)
외로운 몸 그림자 푸른 산을 헤매는구나(孤身隻影碧山中)
밤마다 잠을 칭하나 잠들 길 바이 없고(假眠夜夜眠無假)
해마다 끊으려 애써도 끝없는 한이로구나(窮恨年年恨不窮)
울음소리 새벽 산에 그치면 그믐달이 비추고(聲斷曉岑殘月白)
봄 골짜기엔 토한 피 떨어져 꽃이 붉구나(血流春谷落花紅)
하늘은 귀 먹어 저 하소연 못 듣는데(天聾尙未聞哀訴)
어쩌다 서러운 이 몸은 귀만 홀로 밝았는고(胡乃愁人耳獨聰)

- 단종, 「자규류시(子規樓詩)」 47)

4.

척촉꽃이 빨간 피눈물 흔적 있으니(躑躅紅酣血淚痕)
학림사에는 응당 예전의 넋이 돌아왔구나(鶴林應復舊時魂)
산 남쪽 산 북쪽은 서로 마주 비치고(山南山北映相似)
봄비 봄바람 속엔 꽃들이 한창 피는구나(春雨春風開正繁)
꽃소식 지기 전에 푸른 절벽이 연달았고(香信未銷連翠壁)
무수한 봄풍광은 붉은 구름에 막히었구나(韶光無數隔紅雲)
해마다 두견화 필 때 서글프기 그지없음은(年年花發堪惆悵)
촉제의 일천 소리가 원통함을 호소함일세(蜀魄千聲政訴冤)

- 서거정, 「척촉화(躑躅花)」

5.

어제는 청석령을 오늘은 고령을 넘으니(昨行靑石今高嶺)
겹친 봉우리 다 지나 내 집에 온 것 같네(過盡重巒似到家)
사월이라 변방의 산은 봄바람 차가운데(四月邊山寒料峭)
숲 사이에 활짝 핀 두견화 보기 좋구나(林間喜見杜鵑花)

- 이항복, 「고령에 두견화(杜鵑花)가 만발하다」

---

47) 단종, 『연려실기술(練藜室記述)』 제4권 단종조고사본말(端宗朝故事本末), 육신(六臣)의 상왕 복위 모의(上王復位謀議)

6.

천지가 넓고 넓은데 나는 집이 없으니(乾坤蕩蕩我無家)
하루 저녁에 등불 돋우고 아홉 번 일어나 탄식하네(一夕挑燈九起嗟)
누가 멀리 나온 사람에게 귀가 있게 하였는가(誰使遠遊人有耳)
두견새가 두견꽃에 피 쏟으며 우나니(杜鵑啼血杜鵑花)

- 윤여형, 「관동여야(關東旅夜)」

7.

촉나라 혼백은 소리마다 피를 토하고(蜀魄聲聲血)
산류는 나무마다 꽃이 붉도다(山榴樹樹紅)
시절에 느껴 우는 외로운 신하의 눈물이여(孤臣感時淚)
봄바람에 너와 함께 씻어 보리라(共爾灑春風)

- 이식, 『두견화』

8.

삼천 궁녀 온갖 장식 누구 향해 자랑할까(粧成百寶向誰誇)
탄현으로 적의 깃발이 순식간에 지나왔네(炭峴旌旗瞥眼過)
천고의 낙화암 절벽엔 물결이 일렁이는데(千古斷巖波浪裏)
아리땁던 모습 이제 두견화로 피어났구나(餘姸今入杜鵑花)

- 남효온, 「부여 회고」

무궁화를 읊은 한시는 모두 9수에 지나지 않는다. 18세기 이전 모든 한시는 중국의 한시를 인용하는 것이다. 다산 정약용은 이례적으로 무궁화에 혹평을 가한 한시를 남겼다.

참을 수 없이 낭자한 벌레들이 무궁화를 장식하고 꽃 속에 그득한 벌레 소리는 피리와 퉁소를 섞은 것 같다. 무궁화는 천박한 자질에 활기도 없어 빈 골짜기에 버려지리(不禁狼藉蟲飾腹 總總已似芊混籟 薄質消沈委空谷)

- 정약용(1762~1836), 『여유당전서(與猶堂全書)』

분협이 뽑은 진달래 근현대 명시 20선

1.

나 보기가 역겨워 가실 때에는
말없이 고이 보내 드리우리다
영변에 약산 진달래꽃
아름따다 가실 길에 뿌리우리다
가시는 걸음걸음 놓인 그 꽃을
사뿐히 즈려밟고 가시옵소서
나 보기가 역겨워 가실 때에는
죽어도 아니 눈물 흘리우리다

- 김소월, 「진달래꽃」

2.

눈이 부시네 저기 난만히 멧등마다
그날 스러져 간 젊음 같은 꽃사태가,
맺혔던 한이 터지듯 여울여울 붉었네.
그렇듯 너희는 지고 욕처럼 남은 목숨,
지친 가슴 위엔 하늘이 무거운데,
연연히 꿈도 설워라, 물이 드는 이 산하(山河).

- 이영도, 「진달래」[48]

3.

얼마나 장한 일이냐
꽃과 잎 꺾이면 뿌리를 그만큼 깊이 박고
가지째 잘리면 아예
땅 속으로 파고들어가 흙과 돌을 비집고
더 멀리 더 깊이 뿌리 뻗는 일이
얼마나 아름다운 일이냐

---

48) 유명한 시조시인인 이영도가 1968년 시인 이호우와 함께 출판한 시조집 『석류』에 수록
된 「진달래」라는 시에 1973년 작곡가 한태근이 곡을 붙인 민중가요이다. 4·19 혁명을
추모하는 내용이기에 4·19 추모식에서 자주 불리고 있다.

피해서 꺾이지 않고
숨어서 잘리지 않으면서
바위너설에 외진 벼랑에
새빨간 꽃으로 피어나는 일이

- 신경림, 「진달래」

4.
해마다 부활하는
사랑의 진한 빛깔 진달래여
네 가느단 꽃술이 바람에 떠는 날
상처 입은 나비의 눈매를 본 적이 있니
견딜 길 없는 그리움의 끝을 너는 보았니
봄마다 앓아눕는
우리들의 지병(持病)은 사랑
아무것도 보이지 않는다
아무것도 잡히지 않는다
한 점 흰 구름 스쳐 가는 나의 창가에
왜 사랑의 빛은 이토록 선연한가
모질게 먹은 마음도
해 아래 부서지는 꽃가루인데
물이 피 되어 흐르는가
오늘도 다시 피는
눈물의 진한 빛깔 진달래여

- 이해인, 「진달래」

5.
　한 골에서 비를 보고 한골에서 바람을 보다 한골에 그늘 딴골에 양지 따로 따로 갈어 밟다 무지개 해ㅅ살에 빗걸린 골 山벌떼 두름박 지어 위잉 위잉 두르는 골 잡목 수풀 누릇 붉읏 어우러진 속에 감초혀 낮잠 듭신 칙범 냄새 가장자리를 돌아 어마 어마 긔여 살어 나온 골 상봉에 올라 별보다 깨끗한 돌을 드니 백엽가지 우에 하도 푸른 하눌... 포르르 풀매... 온산 중 紅葉이 수런 수런거린다 아래ㅅ절 불 켜지 않은 장방에 들어 목침을 달쿠어 발바닥 꼬리를 슴슴 지지며

157

그제사 범의 욕을 그놈 저놈하고 이네 누었다 바로 머리 맡에 물소리 흘리며 어
늬 한곬으로 빠져 나가다가 난데없는 철아닌 진달래 꽃사태를 만나 나는 만신을
붉히고 서다.

- 정지용, 「진달래꽃」

6.
그대 이 봄 다 지도록/오지 않는 이/기다리다 못내 기다리다
그대 오실 길 끝에 서서/눈시울 붉게 물들이며/뚝뚝 떨군 눈물꽃
그 수줍음 붉던 사랑

- 박남준, 「진달래」

7.
청산에 물든다. 연분홍 물든다 / 청산 마음에 / 보라 물든다
언제 늙으며 / 언제 따로 젊었길래 / 청산 마음 수집어 /
연분홍 꽃 뺨 / 어쩌면 잠자리 깃 / 해죽 날으고 / 어쩌면 만등 초롱 동동
낙양을 마주 서서 타는 마음 / 날이 갈수록 아픈 마음이 /
피로 멍든 진달래/ 피로 피는 진달래

- 설창수, 『진달래 산』

8.
애달픈 맘의 진달래꽃이 떨어질 때
속을 볶이게 하는 저녁볕이 넘을 때
저무는 봄에도 젊은 날이 져갈 때
촌(村)집의 정(灯)불이 발하게 빛을 놓을 때
어이없이도 나의 영(靈)은 혼자 울고 있어라.

- 김억, 「새빨간 핏빛의 진달래꽃이 질 때」

9.
바위고개 언덕을 혼자 넘자니 / 옛 님이 그리워 눈물납니다
고개위에 숨어서 기다리던 님 / 그리워 그리워 눈물납니다
바위고개 피인 꽃 진달래꽃은 / 우리 님이 즐겨즐겨 꺾어주던 꽃
님은 가고 없어도 잘도 피었네 / 님은 가고 없어도 잘도 피었네

바위고개 언덕을 혼자 넘자니 / 옛 님이 그리워 하도 그리워
십여 년간 머슴살이 하도 서러워 / 진달래꽃 안고서 눈물집니다.

- 이흥렬, 『바위고개』

10.
진달래는 먹는 꽃
먹을수록 배고픈 꽃
한 잎 두 잎 따먹는 진달래에 취하여
쑥바구니 옆에 낀 채 곧잘 잠들던
순이의 소식도 이제는 먼데
예외처럼 서울 갔다 돌아온 사나이는
조을리는 오월의 언덕에 누워
안타까운 진달래만 씹는다
진달래는 먹는 꽃
먹을수록 배고픈 꽃

- 조연현, 『진달래』

11.
산의 꽃 진달래 산마다 피는 진달래
우리나란 산의 나라 진달래 피는 나라
봄이면 남북강산에 이어 피는 진달래
저 산에 접동새 우네 접동새 울면 진달래 피네
바위틈 모래 흙이 거칠어도 메말라도
웃으며 봄 앞장 서서 먼저 피는 진달래
진달래 꽃잎 따다 전 지지고 시도 짓고
목동들 나무꾼들 입에 물고 등에 꽂고
마을로 봄바람 따라 내려오는 진달래

- 이은상, 「조선 풍미(風味)의 진달래」

12.
날더러 어찌하라고
난 어찌하라고

진달래는 저렇게 고운 연분홍으로
확, 피어나는가
바람에 파르르 떨며
이른 봄빛에 사르르 일몸을 떨며
무거웠던 그 겨울을 활활 벗어버리고
연분홍 연한 맨살로
만천하에 활짝 헌신하는 이 희열
아, 난 어찌하라고
날더러는 어찌하라고.

- 조병화, 「진달래」

13.
겨울에 오셨다가
그 겨울에 가신 님이
봄이면 그리워라
봄이 오면 그리워라
눈 맞고 오르던 산에
진달래가 피었소.

- 피천득, 「진달래」

14.
꽃 피는 봄 사월 돌아오면
이 마음은 푸른 산 저 넘어
그 어느 산 모퉁길에
어여쁜 님 날 기다리는 듯
철따라 핀 진달래 산을 덮고
머언 부엉이 울음 끊이잖는
나의 옛 고향은 그 어디련가
나의 사랑은 그 어디멘가
날 사랑한다고 말해 주렴아 그대여
내 맘 속에 사는 이 그대여.

- 박화목, 「망향」

15.
눈물 아롱아롱
피리 불고 가신 님의 밟으신 길은
진달래 꽃비 오는 서역 삼만리
흰 옷깃 여며여며 가옵신 님의
다시 오지 못하는 파촉(巴蜀) 삼만리
신이나 삼아 줄 걸, 슬픈 사연의
올올이 아로새긴 육날메투리
은장도 푸른 날로 이냥 베어서
부질없는 이 머리털 엮어 드릴 걸
초롱에 불빛 지친 밤하늘
굽이굽이 은핫물 목이 젖은 새
차마 아니 솟는 가락 눈이 감겨서
제 피에 취한 새가 귀촉도 운다.

- 서정주, 「귀촉도」

16.
　마음을 바쳐 당신을 기다리던 시절은 행복했습니다. 오지 않는 새벽과 갈 수 없는 나라를 꿈꾸던 밤이 길고 추웠습니다. 천 사람의 저버린 희망과 만 사람의 저버린 추억이 굽이치는 강물 앞에서 다시는 우리에게 돌아오지 않을 것 같은 당신의 옛 모습을 꿈꾸었습니다. 천 송이 만 송이의 슬픔이 꺾인 후에 우리에게 남는 아름다움이 무엇일까 생각하였습니다. 그리고 이 깊은 부끄러움이 끝나기 전에 꼭 와 줄 것만 같은 당신의 따뜻한 옷자락을 꿈꾸었습니다.
　지고 또 지고 그래도 남은 슬픔이 다 지지 못한 그날에 당신이 처음 약속하셨듯이 진달래꽃이 피었습니다. 산이거나 강이거나 죽음이거나 속삭임이거나 우리들의 부끄러움이 널린 땅이면 그 어디에고 당신의 뜨거운 숨결이 타올랐습니다.

- 곽재구, 「진달래꽃」

17.
강렬한 신념과 의지
나의 믿음으로부터
붉게 빛나는 영혼

두 눈을 부릅뜨고
세상을 향해
저녁노을에 물든
진실을 외치네.

- 진달래(필명), 「붉은 진달래」 중에서

18.
날더러 진달래꽃을 노래하라 하십니까
이 가난한 시인더러 그 적막하고도 가냘픈 꽃을
이른 봄 산골짜기에 소문도 없이 피었다가
하루아침 비바람에 속절없이 떨어지는 꽃을
무슨 말로 노래하라 하십니까
노래하기엔 너무도 슬픈 사실이외다
백일홍처럼 붉게붉게 피지도 못하는 꽃을
국화처럼 오래오래 피지도 못하는 꽃을
노래하느니 차라리 붙들고 울것이외다
친구도 이미 그 꽃을 보셨으리다
화려한 꽃들이 하나도 피기 전에
찬바람 오고가는 산허리에 쓸쓸하게 피어있는
봄의 선구자 연분홍진달래꽃을 보셨으리다
진달래꽃은 봄의 선구자외다
그는 봄의 소식을 먼저 전하는 예언자이며
봄의 모양을 먼저 그리는 선구자외다.

비바람에 속절없이 지는 그 엷은 꽃잎은
선구자의 불행한 수난이외다
어찌하야 이 나라에 태어난 이 가난한 시인이
이같이도 그 꽃을 붙들고 우는지 아십니까
그것은 우리의 선구자들 수난의 모양이
너무도 많이 나의 머릿속에 있는 까닭이외다
노래하기에는 너무도 슬픈 사실이외다
백일홍같이 붉게붉게 피지도 못하는 꽃을

국화와 같이 오래오래 피지도 못하는 꽃을
모진 비바람 만나 흩어지는 가엾은 꽃을
노래하느니 차라리 붙들고 울 것이외다
그러나 진달래 꽃은 오려는 봄의 모양을 그 머릿속에 그리면서
찬바람 오고가는 산허리에서
오히려 웃으며 말할 것이외다
"오래오래 피는 것이 꽃이 아니라
봄철을 먼저 아는 것이 정말 꽃이라"고.
                    - 박팔양, 「너무도 슬픈 사실 - 봄의 선구자 '진달래'를 노래함」

19.
그의 가슴에 타오르는 그리움을
철쭉이라 부르다가,
그의 가슴에 타오르는 사랑을
진달래라 부르다가,
끝끝내
돌아앉아버린 산
산은
밤하늘에 별만을 진실이라 믿지만
초록으로 벙그는 육신을 안고 어떻게 사나,
기다림 절정에서 터지는 격정.
봄비는 폭우로 쏟아지는데
와르르 무너지는 산사태.

                                    - 오세영, 「산사태」

20.
나의 살던 고향은 꽃피는 산골
복숭아꽃 살구꽃 아기 진달래
울긋불긋 꽃대궐 차리인 동네
그 속에서 놀던 때가 그립습니다.

                                    - 이원수, 「고향의 봄」

	미술·문학·음악					조선 시대 4대 관찬 정사			
	옛 그림	고려 가요	시조	가사	옛 민요	고려사	고려사 절요	동국 통감	조선 왕조 실록
진달래	7점	1수	8수	6회	29곡	5회	2회	4회	12회
무궁화	0점	0수	0수	0회	0곡	0회	0회	0회	0회

25. 진달래 키노트 30선

1. 진달래 꽃이 피다(杜鵑花開)

　　　　　　　　　　- 『고려사』, 980년(경종 5년) 12월(음력)

2. 진달래의 꽃말은 사랑의 기쁨, 절제, 청렴, 사랑의 즐거움이며 생명력, 행복, 장수를 상징한다.

　　　　　　　　　　　　　　　　- 브리태니커 대백과 사전

3. 진달래는 한국, 몽골, 러시아 및 중국 북부 일부 지역에 자생하는 진달래 종이다.

　　　　　　　　　　　　　　　　　　- 영문 위키백과

4. 진달래는 한반도, 중국 동북부에 자생한다. 일본에는 거의 자생하지 않고, 일본에서 볼 수 있는 것은 식물원 등에서 재배하고 있는 것에 한정된다.

　　　　　　　　　　　　　　　　　　- 일문 위키백과

5. 한반도의 전통음식인 진달래 화채와 전병은 진달래 꽃잎을 찹쌀떡에 넣어 만든 것으로 상사절(3월 3일)에 먹는다. 원래 '진달래(金达莱)'로 음역하여 한글 발음에 따라 진달라이(眞达莱)로 쓴다.

　　　　　　　　　　　　　　　　　　- 중문 위키백과

6. 봄 진달래! 이보다 더 사랑과 매력을 느끼는 꽃이 없다. 나는 그의 목을 껴안

고 실컷 울고 싶디. 치미 꺾지 못힌다.

- 오숙근(김좌진의 부인)

7. 무궁하는 구화로서 저단하지 않다. 국토 전역에 분포하고 민족과 더불어 역사적 애환을 함께하고 다른 꽃보다 이른 계절에 피는 진달래를 새 국화로 추천한다.

- 이민재 한국식물학회 회장(서울대학교 생물학과 교수)

8. 설문조사 결과 54%가 국화를 바꾸자 찬성, 그중 48%는 진달래를 새 국화로 추천했다.

- 『경향신문』, 1962년 2월 12일

9. 조선을 근역(槿域, 무궁화 지역)이라고까지 하지만 과연 두견화(진달래)를 압도하도록 했을지는 의문이다. 지금 언어의 남은 흔적으로만 본다면 조선 사람이 꽃의 대표로 알던 것은 두견화요, 결코 근화(무궁화)가 아닌가 한다.

- 『조선일보』, 1935년 4월 9일 「화하만필」

10. 진달래는 찬바람과 서리와 늦은 눈 속에서도, 그 환하고 새로움을 보여주기 위해 애타던 모습을 감출수가 없었다.

- 한용운

11. 일찍이 어느 경솔한 자가 진달래를 놔두고 궁벽한 무궁화를 조선의 꽃이라고 불렀는가?

- 『조선일보』, 1935년 4월 21일(6면), 「관악의 두견화」

12. 진달래꽃은 봄의 선구자외다. 그는 봄의 소식을 먼저 전하는 예언자이며 봄의 모양을 먼저 그리는 선구자외다.

- 박팔양

13. 내가 프랑스에서 유학하던 중에 제일 그리웠던 것은 조선의 진달래(杜鵑花)였다.

- 이창섭, 1928

14. 무궁화를 조선의 名花라 하지만은 사실로는 진달래(杜鵑花)가 조선의 대표 명화와 같은 감이 있다. 없는 곳이 없어서 여러 사람이 가장 넓히 알고 가장 애착심을 가지게 되는 까닭에 조선에 잇서서 꼿이라 하면 누구나 먼저 진달래를 생각하게 된다.

　　　　　　　　　　　　　　　　　　　　　　　　- 청오생(靑吾生), 1929년

15. 찬바람이 가실 무렵인 3월 중순이면 푸뜻푸뜻 진달래가 피기 시작한다. 수수한 인상이지만 은근하게 안겨오는 정서가 깃들인 꽃, 지리적으로는 우리나라 어디서나 볼 수 있게 분포되어 있다.

　　　　　　　　　　　　　　　　　　　　- 『경향신문』, 1964년 2월 12일

16. 진달래가 하나둘 피었습니다. 아마 이 살랑살랑하는 것만 지나면 활작 필 것도 같습니다. 그 조졸하게 생긴 진달래의 동화미와 신선미야말로 조선 정조(情調)의 하나인가 하옵니다.

　　　　　　　　　　　　　　　　　　　　　　　　　　　　　　- 이광수

17. 무궁화는 진달래 등 좀 더 우리 민족성을 나타내는 다른 꽃으로 깨끗이 고쳐 버려야 한다.

　　　　　　　　　　　　　　　　　　　　　　　　　　　　　　- 김영삼

18. 봄이 되면 반드시 보아야 할 것이 있다. 산허리와 기슭을 뒤덮이다시피 붉게 물들은 진달래의 만발한 무리를 보지 않고 봄이 지나가서는 안 된다.

　　　　　　　　　　　　　　　　　　　　　　　　　　　　　　- 김태길

19. 긴 기다림으로 인해 어둡고 그늘지고 답답하던 가슴 가슴에 그것은 벅찬 부활로, 즐거운 생명으로 눈부신 봄의 긍지로서 안겨져 오는 것이다.

　　　　　　　　　　　　　　　　　　　　　　　　　　　　　　- 손소희

20. 기르지도 아니하고 가꾸지도 아니하되 진달래처럼 자손 잘 퍼지는 꽃이 없으니 그것도 좋고, 천하의 봄을 제일 앞장서 이끌고 오는 선구의 꽃이라 그것도 좋습니다.　　　　　　　　　　　　- 이은상, 「조선풍미의 진달래」

21. 아무도 돌아보지 않는 백악 바위 틈에도 진달래는 송이송이 봄빛을 사랑하고 있다.

- 김동인

22. 진달래는 식물학상 철쭉과에 속하는 꽃으로 통틀어 37종이나 된다 하며, 조선 내 분포 지역은 자못 광범하여 북으로 백두산과 남으로 제주도, 동으로 금강산에 이르기까지 이 꽃이 없는 데가 없다.

- 문일평

23. 우리 민족의 하늘의 두견새는 두견새요, 땅의 두견새는 진달래이다.

- 조룡남 연변작가협회 부주석

24. 진달래는 어디서나 필뿐만 아니라 우리 민족성을 상징하는 것처럼 소박한 데가 있다. 진달래를 새 국화로 바꾸자.

- 김리석

25. "우리나라에 제일 많고 화려하기 때문에" 진달래가 국화로서는 제일 좋다.

- 이병도

26. "싱싱하고 정결하고 향기로운 꽃, 우리나라 어디서나 많은 꽃, 여러 사람이 사랑하는 꽃, 이런 조건 들 중에서 어느 하나쯤에는 해당하는 것이어야 한다. 진달래가 제격이다.

- 강신재

27. 이 땅의 어디를 가거나 봄이라면 흔히 볼 수 있은 꽃이면서 그 생김새가 겸손하고 그 빛깔이 우아하고 아이들에게 정서를 심어주며 어른들의 사랑을 받으며 먹으면 약이 되고 보기에 기품이 있으며 만산을 물들였을 때 평화를 상징하는 꽃, 그것이 진달래라면 그게 바로 나라꽃이 아니고 뭐겠는가.

- 유주현

28. 진달래꽃 피는 땅은 모두 우리 땅, 우리 겨레

- 윤명철 동국대 교수

29. 애국가의 가장 큰 문제점은 우리나라 국토가 만주까지라는 것을 강조해야
    함에도 '무궁화 삼천 리'로 영토를 한정시켜 일제의 반도사관과 흡사하다
    는 것이다.

    - 안호상 초대 문교부장관

30. 제주도와 대마도에서 만주까지 대한 영토 4천 리에 자생하고 민족정서에
    친근하며 사랑의 기쁨 꽃말을 지닌 진달래를 새로운 대한민국 밝은 미래
    를 여는 진짜 나라꽃으로 강력 추천한다.

    - 강효백

무궁화 vs 진달래 영 · 일 · 중 위키백과 비교

영문: 무궁화 vs 진달래

· 무궁화는 원래 중국 고유종이었다. 8세기에 일본으로 전래되어 원예용
으로 재배되었다. 기록에 따르면 15~16세기경 한반도에 전해졌다[49].

· 진달래, 한국 진달래는 한국, 몽골, 러시아 및 중국 북부 일부 지역에 자
생하는 진달래 종이다[50].

일문: 무궁화 vs 진달래

· 무궁화木槿는 옛날에 도입되어, 헤이안 시대 초기에 널리 심어져 있었

---

49) Hibiscus syriacus was originally endemic to China. It is recorded that it was brought
   to Japan in the 8th century and cultivated for horticulture. According to records, it
   was introduced to the Korean Peninsula around the 15th or 16th century. Walker, J.
   1999. Hibiscus. Cassel, London, England.
50) Rhododendron mucronulatum, the Korean rhododendron or Korean rosebay
   (Korean: 진달래; RR: Jindalrae), [2] is a rhododendron species native to Korea,
   Mongolia, Russia, and parts of northern China.Missouri Botanical Garden, St.
   Louis, MO & Harvard University Herbaria, Cambridge, MA.

다고 고찰된다. 따뜻한 지역에서 야생화되었다. 일본에서는 꽃꽂이 재료로 서도 사용, 여름의 찻집의 꽃꽂이로 장식되기도 한다. 무궁화 꽃의 모습이 일기 1회의 다도의 정신에도 합치한다고 되어, 현대에서 가장 대표적인 여름의 차 꽃이 되고 있다[51].

· 진달래躑躅는 3~4월에 걸쳐 복숭아색 꽃을 피운다. 한반도, 중국 동북부에 자생. 일본에는 거의 자생하지 않고, 일본에서 볼 수 있는 것은 식물원 등에서 재배하고 있는 것에 거의 한정된다[52].

중문: 무궁화 vs 진달래

· 무궁화(木槿)는 아욱과 무궁화속에 속하는 꽃식물이다. 무궁화의 원산지는 중국의 중남부와 남동부 지역이다. 후일 대부분의 아시아 지역을 포함한 다른 지역에 도입되어 널리 심어졌다[53].

· 진달래(迎紅杜鵑)는 진달랫과의 낙엽 관목, 동북아시아 원산으로 한반도와 중국 대륙(후베이, 산동), 몽골 북부, 우수리강 유역에 자생한다. 연해주 남부 전역에서 발견된다. 한반도의 전통음식인 진달래 화채와 전병은 진달래 꽃잎을 찹쌀떡에 넣어 만든 것으로 상사절(3월 3일)과 중양절(9월 9일)에 먹는

---

51) 日本へは古く渡来し、平安時代初期にはすでに植えられていたと考えられる[2]。暖地では野生化している.日本では花材としても使い、夏の御茶事の生け花として飾られたりする。、花のはかなさが一期一会の茶道の精神にも合致するとされ、現代ではもっとも代表的な夏の茶花となっている。 平野隆久監修 永岡書店編 『樹木ガイドブック』永岡書店、1997-5-10, 79쪽

52) 躑躅 3-4月にかけて桃紫色の花をつける。朝鮮半島、中国東北部に自生。日本にはほとんど自生しておらず 日本で見られるのは植物園などで栽培しているものにほぼ限られる。

53) 木槿（學名：Hibiscussyriacus）是锦葵科木槿属开花植物。原產於中國中南、東南地區，後引至亚洲大部份地區在內的他處，廣爲種植 Hibiscus syriacus L.. Plants of the World Online. Royal Botanic Gardens, Kew. [2018-07-29].

다. 원래 단어는 '진달래'인데 (金达莱)로 음역하여 한글 발음에 따라 진달라이(眞达莱)로 쓴다[54].

---

54) 迎紅杜鵑（學名：Rhododendron mucronulatum）是杜鵑花屬的一種落葉灌木，原生於東北亞地區，在朝鮮半島、中國大陸（湖北和山東）、烏蘇里江沿岸的濱海邊疆區南部各地均有發現。其花可食用，在朝鮮半島的傳統食品杜鵑花菜及花煎就是用上了迎紅杜鵑的花瓣放在甜煎米餅裡製成可於上巳節和重陽節食用。固有詞為진달래，音译作「金达莱」，依朝鮮漢字音則寫成真達萊（朝鮮漢字：眞達萊

일본 무궁화 가라, 한국 진달래 오라

1판 1쇄 발행 2023년 4월 7일
지은이 강효백

교정 신선미 **편집** 윤혜원 **마케팅·지원** 이진선
펴낸곳 (주)하움출판사 **펴낸이** 문현광

이메일 haum1000@naver.com **홈페이지** haum.kr
블로그 blog.naver.com/haum **인스타** @haum1007

ISBN 979-11-6440-322-6(03910)